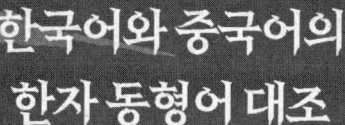

한국어와 중국어의
한자 동형어 대조

최금단 지음

한국어와 중국어의 한자 동형어 대조
- 한국어 교육용 어휘 중 기본 동사 한자어를 중심으로 -

최금단 지음

‖ 책을 내면서

한국어로 중국어를 말할 수 있다?

과연 한국어를 말하면 정말 중국어가 될까? 된다면 무슨 이유로, 그리고 어떠한 요소들이 중국어를 구사하는 데에 도움이 된다는 것일까?

① 한국 음악이 전 세계적으로 환영을 받는 그 원인은 음악적 다양성에 있다.
② 韓國 音樂이 全 世界的으로 歡迎을 받는 그 原因은 音樂的 多樣性에 있다.
③ 韩国 音乐이 全 世界的으로 欢迎을 받는 그 原因은 音乐的 多样性에 있다.
④ 韩国音乐受到全世界的欢迎其原因在于音乐的多样性。

위의 문장 속에서 대응되는 단어들의 글자는 ① 한글, ② 한국어의 한자에 쓰이는 번체자, ③ 중국어의 한자에 쓰이는 간화자, ④ 중국어의 한자에 쓰이는 간화자이다. 이들 문장 속에서 대응되는 한자 어휘들은 의미가 같을 뿐만 아니라 심지어 발음까지도 유사하다. 위의 문장에 대한 한국어 화자와 중국어 화자의 이해력은 한자나 한자 어휘를 사용하지 않는 타국의 화자에 비해 월등히 높을 수밖에 없으며 이에 대해 이론의 여지가 없을 것이다. 한자 어휘를 구성하고 있는 1) 한자 형태소와 2) 한자 형태소의 배열 위치가 같으며, 3) 아울러 의미도 같은 한자 어휘에 대한 한자문화권 언중들의 인지력과 논리적 이해력이 여타 언어권의 화자들보다 높은 것도 동형 한자 어휘의 사용에서 비롯된다.

한글과 한자는 한국어의 양 날개라고 한다. 한국어에서 한자어가 차지하는 비중은 작지 않은데, 일례로 『큰 사전』의 통계에 따르면 한국어에서 한자어는 고유어보다 많으며 표준어에서의 비율은 한자어가 60%, 고유어가 40%를 차지한다. 실제로 한국어에서 한자어의 비율은 『큰 사전』의 통계보다 더 높으며 전문 용어일수록 한자어가 차지하는 비중이 더 큰 것으로 조사되었다. 한자어는 중국어에서 차용되었으며 현지화의 과정을 거쳐 국어 언어생활의 불가분적 요소가 되었다. 따라서 한국어 화자가 일상생활 속에서 익히 사용하고 있는 한자어를 활용하여 중국어를 학습할 수 있다면 그 학습 효과는 배가될 것이다.

어휘 중에서 동사의 문법적 역할이 가장 중요하고 할 수 있다. 한국 한자어에는 중국어의 어휘와 어휘를 구성하고 있는 한자 형태소와 형태소의 배열 위치가 같으며 의미도 동일하게 사용되는 동사가 상당히 많다. 다음의 문장을 살펴보도록 하자.

① 사생을 대표하여 대표단이 우리 학교를 방문하신 것에 대해 감사드립니다.
② 師生을 代表하여 代表團이 우리 學校를 訪問하신 것에 대해 感謝드립니다.
③ 师生을 代表하여 代表团이 우리 学校를 访问하신 것에 대해 感谢드립니다.
④ 代表师生感谢代表团访问我校。

위의 문장 속에서 대응되는 한중 동사 '代表하다(대표하다) - 代表, 訪問하다(방문하다) - 访问, 感謝하다(감사하다) - 感谢'는 한국어 화자와 중국어 화자가 언어생활 속에서 자주 사용하고 있는 일상 어휘들이다. 이러한 동사들에 대한 대조 학습은 한국어 화자의 중국어 학습뿐만 아니라 나아가 중국어 화자의 한국어 학습에도 많은 도움을 줄 수 있다.

반면에 한국 한자어에는 중국어의 어휘와 어휘를 구성하고 있는 1) 한자 형태소와 2) 형태소의 배열 위치가 같은데 3) 의미가 다르게 사용되는 동사도 적지 않다. 다음의 문장을 살펴보도록 하자.

① 자동차는 도로에서 경주하듯이 달린다.
② 自動車는 道路에서 競走하듯이 달린다.
③ 汽车在马路上竞走。
④ 汽车在马路上飞驰。

위의 문장 속에서 한국어의 명사 '自動車(자동차)'는 중국어의 명사 '汽车', 한국어의 명사 '道路(도로)'는 중국어의 명사 '马路'에 대응되며 이는 명사에 대한 숙지를 통해 어렵지 않게 학습할 수 있다. 그러나 '競走하다(경주하다)'를 중국어에서 그대로 '竞走'로 사용하면 非文, 즉 ③번과 같은 틀린 문장이 된다. 왜냐하면 한국어에서 '競走하다'는 '사람, 동물, 차량 따위가 일정한 거리를 달려 빠르기를 겨루다.'의 의미로 사용되고, 중국어에서 '竞走'는 '육상경기의 일종으로서 빠르기를 걷기로 겨루는 경보 운동'이기 때문이다. 이와 같이 한국어와 중국어에서 동일 형태를 가진 한자 어휘일지라도 의미가 전혀 다르게 사용되는 어휘들이 있기에 학습에서의 오류가 나타나기도 한다.

이에 착안하여 필자는 본서에서 한국어와 중국어에서 동일 형태를 가진 [한중 한자 동형어]에 대해 그 의미와 용법을 비교하여 [한중 동형 동의어]·[한중 동형 이의어]·[한중 동형 부분 이의어] 관계에 있는 어휘들을 분석하였다. 필자의 분석 연구가 한국어 화자의 중국어 학습에 다소나마 도움이 되기를 진심으로 소망하는 바이다. 한중 대조를 통한 중국어 교육에 뜻을 두고 저서를 마무리하기까지에는 많은 분들의 도움이 있었다. 이 책을 쓰면서 처음부터 끝까지 탁월한 조언과 도움을 주신 유호상 사무관님께 감사의 뜻을 표하는 바이다. 또한 교정·출판되기까지 도움을 주신 시간의물레 출판사에 감사의 뜻을 표하고 싶다. 아울러 이 책에 기술된 모든 관점과 견해, 그리고 착오와 결함에 대한 책임은 오로지 필자에게 있음을 밝혀 둔다.

이 책을 한국·중국·대만·일본에 있는 사랑하는 가족과 그리운 어머님과 형부께 바친다.

한국어로 중국어를 말할 수 있다!

2023년 가을
단풍이 곱게 물들어 가는 교정에서 저자 씀

1. 한국어와 중국어의 한자 동형어 / 11

2. 한중 어휘 가나다별 총 색인 / 249

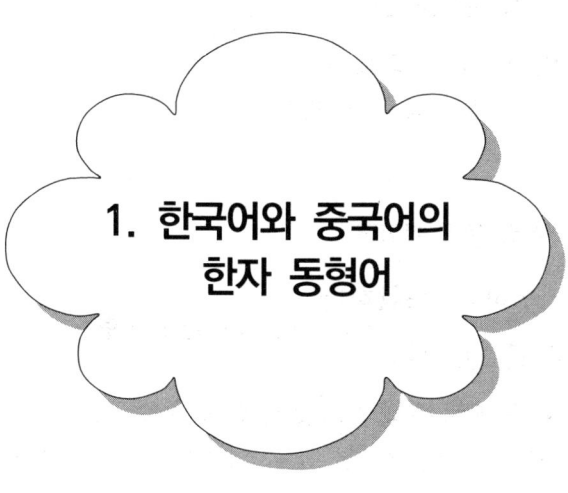

1. 한국어와 중국어의
   한자 동형어

1 - 한중 동형 동의어

[韓] 가공하다 [加工하다]

[中] 加工 (jiā gōng)

[例] 这个工厂加工皮革。
이 공장은 가죽을 가공한다.

---

2 - 한중 동형 동의어

[韓] 가설하다 [架設하다]

[中] 架设 (jià shè)

[例] 架设新的桥梁之后交通更加方便了。
새로운 교량을 가설한 이후에 교통이 더 편리해졌다.

---

3 - 한중 동형 동의어

[韓] 가열하다 [加熱하다]

[中] 加热 (jiā rè)

[例] 加热到一百度才能消灭细菌。
100도까지 가열해야 세균을 죽일 수 있다.

4 - 한중 동형 동의어

韓 가입하다 [加入하다]

中 加入 (jiā rù)

例 加入了韩中友好协会之后认识了很多新朋友。
한중우호협회에 가입한 이후에 많은 새로운 친구들을 사귀게 되었다.

---

5 - 한중 동형 동의어

韓 가정하다 [假定하다]

中 假定 (jiǎ dìng)

例 假定我们明天出发, 后天就可以到首尔。
만약 우리가 내일 출발한다고 가정하면 모레 서울에 도착할 수 있을 것이다.

---

6 - 한중 동형 이의어

韓 각오하다 [覺悟하다]
  1) 앞으로 해야 할 일이나 겪을 일에 대한 마음의 준비를 하다.
  2) 도리를 깨쳐 알다.

中 觉悟 (jué wù)

 1) 동사: 省悟

    깨닫다, 자각하다, 인식하다.

例 他已觉悟到这是最后一次选择。

 그는 이번 선택이 마지막 선택임을 깨달았다.

 2) 명사: 精神准备

    자각, 각성, 인식.

例 大家的觉悟都提高了。

 모두의 자각이 향상되었다.

【분석】 "시험에서의 불합격을 각오하고 있지만 절대로 후회하지는 않는다."를 중국어로 "觉悟考试不及格, 但是绝对不后悔。"로 작문하면 非文이 된다. 해당 작문은 "对考试不及格有心里准备, 但是绝对不后悔。"로 표현해야 한다.

---

7 - 한중 동형 동의어

韓 간섭하다 [干涉하다]

中 干涉 (gān shè)

例 不干涉他人私生活也是一种美德。

 타인의 사생활을 간섭하지 않는 것도 일종의 미덕이다.

8 - 한중 동형 동의어

韓 간청하다 [懇請하다]

中 恳请 (kěn qǐng)

例 经过再三恳请, 他才承诺继续出演。
거듭 간청하고 나서야 그는 비로소 계속 출연할 것을 승낙하였다.

---

9 - 한중 동형 동의어

韓 간행하다 [刊行하다]

中 刊行 (kān xíng)·发行 (fā xíng)

例 核心期刊自创刊至今已刊行了60期。
등재지는 창간된 이래로 지금까지 이미 60기가 간행되었다.

例 核心期刊自创刊至今已发行了60期。
등재지는 창간된 이래로 지금까지 이미 60기가 간행되었다.

---

10 - 한중 동형 동의어

韓 간호하다 [看護하다]

中 看护 (kān hù)

例 在患者旁边细心看护。
환자 옆에서 세심하게 간호하다.

11 - 한중 동형 동의어

[韓] 갈구하다 [渴求하다]

[中] 渴求 (kě qiú)

[例] 患者向医生投去渴求的眼光。
환자는 갈구하는 눈빛으로 의사를 쳐다보았다.

---

12 - 한중 동형 부분 이의어

[韓] 감격하다 [感激하다]
   1) 고마움을 깊이 느낌.
   2) 마음속에 깊이 느껴 격동됨.

[中] 感激 (gǎn jī)

  1) 동사: 感动
       감격하다.

[例] 对朋友的帮助心中感激不尽。
친구의 도움에 대해 감격해 마지않고 있다.

  2) 동사: 感谢
       감사하다.

[例] 非常感激老师对我的支持。
선생님께서 저를 지지해 주셔서 정말 감사합니다.

【분석】 중국어에서 '感激'은 1) 한국 한자어 '感激하다'와 동일한 의미로 사용된다. 2) 이밖에 '감사하다'의 의미로도 사용된다. 이를테면 "나는 네가 나를 도와준 것에 감사한다."는 중국어로 "我感激你对我的帮助." 또는 "我感谢你对我的帮助."로 표현한다. 따라서 한국 한자어 '感激하다'와 중국어의 '感激'은 동형 동의어와 동형 이의어로 사용되기에 한중 동형 부분 이의어 관계이다.

---

13 - 한중 동형 동의어

韓 감동하다 [感動하다]

中 感动 (gǎn dòng)

例 感动得流下了眼泪。
감동해서 눈물을 흘렸다.

---

14 - 한중 동형 동의어

韓 감사하다 [感謝하다]

中 感谢 (gǎn xiè)

例 感谢你对我的真心帮助。
나에 대한 진심 어린 도움에 감사한다.

15 - 한중 동형 동의어

韓 감상하다 [鑑賞하다]

中 鉴赏 (jiàn shǎng)

例 鉴赏艺术品需要有眼光。
예술품을 감상할 때는 안목이 있어야 한다.

16- 한중 동형 동의어

韓 감시하다 [監視하다]

中 监视 (jiān shì)

例 警察一直在监视着嫌疑人的行动。
경찰은 계속 혐의자의 행동을 감시하고 있었다.

17- 한중 동형 동의어

韓 감탄하다 [感歎하다]

中 感叹 (gǎn tàn)

例 大家都感叹他的技术实在是高超。
모두가 그의 기술이 너무나 뛰어남에 감탄하였다.

18 - 한중 동형 동의어

韓 감화하다 [感化하다]

中 感化 (gǎn huà)

例 他的演讲感化了所有听众。
그의 연설은 모든 청중들을 감화하였다.

---

19 - 한중 동형 동의어

韓 강조하다 [强調하다]

中 强调 (qiáng diào)

例 再次强调国际和平的重要性。
재차 국제 평화의 중요성에 대해 강조하였다.

---

20 - 한중 동형 동의어

韓 강화하다 [强化하다]

中 强化 (qiáng huà)

例 目前需要进一步强化社会治安。
현재 사회 치안에 대해 진일보 강화해야 한다.

21 - 한중 동형 동의어

[韓] 개간하다 [開墾하다]

[中] 开垦 (kāi kěn)

[例] 搬到边疆开垦农田的人越来越多。
변방 지역으로 이사해서 농지를 개간하는 사람들이 점점 더 많아졌다.

---

22 - 한중 동형 동의어

[韓] 개량하다 [改良하다]

[中] 改良 (gǎi liáng)

[例] 改良的新品种出品之后收入有了大幅度的增加。
개량한 신품종을 출품한 이후에 수입이 대폭 증가하였다.

---

23 - 한중 동형 동의어

[韓] 개발하다 [開發하다]

[中] 开发 (kāi fā)

[例] 本公司今年的目标是开发新产品。
우리 회사의 올해 목표는 신제품을 개발하는 것이다.

24 - 한중 동형 동의어

🇰🇷 개방하다 [開放하다]

🇨🇳 开放 (kāi fàng)

📝 对外开放的国家才能够继续发展。
대외적으로 개방한 국가만이 지속적으로 발전하게 된다.

---

25 - 한중 동형 동의어

🇰🇷 개선하다 [改善하다]

🇨🇳 改善 (gǎi shàn)

📝 改善落后地区居民的生活是国家的首要目标。
낙후 지역 주민의 생활을 개선하는 것이 국가의 가장 중요한 목표이다.

---

26 - 한중 동형 동의어

🇰🇷 개시하다 [開始하다]

🇨🇳 开始 (kāi shǐ)

📝 我们就要开始新的作战了。
우리는 곧 새로운 작전을 개시하고자 한다.

27 - 한중 동형 동의어

🇰 개의하다 [介意하다]

🇨 介意 (jiè yì)

例 不应该介意别人的看法。
다른 사람의 생각에 개의하지 않아야 한다.

---

28 - 한중 동형 이의어

🇰 개정하다 [改正하다]
　주로 문서의 내용 따위를 고쳐 바르게 하다.

🇨 改正 (gǎi zhèng)
　동사: 改正
　　잘못된 것을 올바르게 고치다, 시정하다, 정정하다.

例 即时改正工作中的失误非常重要。
　제때에 업무상의 실수를 시정하는 것은 매우 중요하다.

【분석】 중국어에서 '改正'은 '잘못된 것을 올바르게 고치다, 시정하다, 정정하다'의 의미로 사용되며 이를테면 "改正错误。(착오를 시정하다.)"와 같다. 한국 한자어 '改正하다'는 '주로 문서의 내용 따위를 고쳐 바르게 하다'의 의미로 사용되며 이를테면 "법률을 改正하다."와 같다. 한국 한자어 '改正하다'는 중국어에서 '修正' 또는 '修改'로 표현되며 이를테면 "법률을 개정하다."는 중국어로 "修改法律。"로 표현된다. 따라서 한국 한자어 '改正하다'와 중국어의 '改正'은 동형 이의어 관계이다.

29 - 한중 동형 동의어

🇰🇷 개척하다 [開拓하다]

🇨🇳 开拓 (kāi tuò)

📝 开拓新的领域需要大量资金的投入。
새로운 영역을 개척하려면 대량의 자금 투입이 필요하다.

30- 한중 동형 동의어

🇰🇷 개탄하다 [慨歎하다]

🇨🇳 慨叹 (kǎi tàn)

📝 金钱万能主义的扩散令人慨叹。
금전만능주의의 확산은 개탄할 만한 일이다.

---

31 - 한중 동형 동의어

🇰🇷 개통하다 [開通하다]

🇨🇳 开通 (kāi tōng)

📝 道路开通之后交通更加方便了。
도로가 개통한 이후에 교통이 더 편리해졌다.

32 - 한중 동형 동의어

[韓] 개학하다 [開學하다]

[中] 开学 (kāi xué)

[例] 开学第一天教室里非常热闹。
개학한 첫날 교실에는 아주 시끌벅적하였다.

---

33 - 한중 동형 동의어

[韓] 개혁하다 [改革하다]

[中] 改革 (gǎi gé)

[例] 改革政治体制并提高了国家竞争力。
정치 체제를 개혁하고 국가 경쟁력을 높였다.

---

34 - 한중 동형 동의어

[韓] 개화하다 [開化하다]

[中] 开化 (kāi huà)

[例] 开化思考方式, 促进社会发展。
사고방식을 개화하여 사회의 발전을 촉진한다.

35 - 한중 동형 동의어

거절하다 [拒絕하다]

🀄 拒绝 (jù jué)

例 希望不要拒绝我的好意。
나의 호의를 거절하지 않기를 바란다.

---

36 - 한중 동형 동의어

韓 거처하다 [居處하다]

🀄 居处 (jū chǔ)

例 居处在陋巷。
누추한 골목에 거처하고 있다.

【분석】 중국어에서 '居处 (jū chǔ)'는 동사 '거처하다, 거주하다'의 의미로 쓰이고, '居处 (jū chù)'는 명사 '거처'의 의미로 쓰임에 유의해야 한다.

---

37 - 한중 동형 동의어

韓 거행하다 [擧行하다]

🀄 举行 (jǔ xíng)

例 操场上正在举行入学典礼。
운동장에서 입학식을 거행하고 있다.

38 - 한중 동형 동의어

韓 건국하다 [建國하다]

中 建国 (jiàn guó)

例 奖赏建国过程中的功臣。
건국하는 과정의 공신들을 포상하였다.

---

39 - 한중 동형 동의어

韓 건립하다 [建立하다]

中 建立 (jiàn lì)

例 通过和平统一建立了独立自主的国家。
평화 통일을 통해 독립 자주 국가를 건립하였다.

---

40 - 한중 동형 동의어

韓 건설하다 [建設하다]

中 建设 (jiàn shè)

例 建设了独立自主的国家。
독립 자주 국가를 건설하였다.

41 - 한중 동형 동의어

韓 건의하다 [建議하다]

中 建议 (jiàn yì)

例 建议开发新产品。
신제품 개발을 건의한다.

---

42 - 한중 동형 부분 이의어

韓 검사하다 [檢查하다]
사실이나 일의 상태 또는 물질의 구성 성분 따위를 조사하여 옳고 그름과 낫고 못함을 판단하다.

中 检查 (jiǎn chá)
 1) 동사 : 检查
  검사하다, 점검하다.

例 在机场检查了每个人的行李。
공항에서 모든 사람의 짐을 검사하였다.

 2) 동사 : 检阅
  검열하다.

例 检查刊物。
출판물을 검열하다.

 3) 동사 : 反省, 检讨
  반성하다, 자아비판하다.

例 做检查。
　자아비판을 하다.

4) 명사 : 检讨
　　반성문
例 写检查。
　반성문을 쓰다.

【분석】 한국 한자어 '檢查하다'는 '사실이나 일의 상태 또는 물질의 구성 성분 따위를 조사하여 옳고 그름과 낫고 못함을 판단하다.'의 의미를 가지고 있다. 중국어의 '检查'는 '검사하다'의 의미 외에도 '검열하다, 반성하다, 반성문'과 같은 의미를 가지고 있다. 따라서 중국어 '检查'의 사용 범주가 더 넓음에 유의해야 한다.

43 - 한중 동형 부분 이의어

韓 검열하다 [檢閱하다]
1) 어떤 행위나 사업 따위를 살펴 조사하다.
2) 군사상의 군기, 교육, 작전 준비, 장비 따위의 군사 상태를 살펴보다.
3) 사상통제나 치안유지 등의 목적으로 언론, 출판, 보도, 연극, 영화, 우편물 따위의 내용을 사전에 심사하여 그 발표를 통제하다.
4) 정신 분석에서, 인간의 마음속에 있는 위험한 욕망을 도덕적 의지로 억눌러 의식의 표면에 떠오르지 않도록 하다.

中 检阅 (jiǎn yuè)

1) 동사: 检阅

　　정부나 군의 고위 각료가 직접 군대나 군중 앞에서 열병하거나 사열하다.

例 国防部长亲自检阅了新舰队。

　국방장관이 직접 새로운 함대를 검열하였다.

2) 동사: 查阅

　　책이나 서류 따위에서 해당 부분을 찾아내 열람하다.

例 检阅着最近的日刊。

　최근의 일간지를 열람하고 있다.

【분석】 중국어의 '检阅'은 한국 한자어 '檢閱하다'의 '언론 등을 심사하여 통제하다.'의 의미와 용법을 가지고 있지 않음에 유의해야 한다.

44 - 한중 동형 부분 이의어

[韓] 검토하다 [檢討하다]

어떤 사실이나 내용을 분석하여 따지다.

[中] 检讨 (jiǎn tǎo)

1) 동사: 检讨, 反省.
   본인 또는 부문의 사상, 일, 생활상의 결점이나 과실 등을 검사하여 그 근원을 추구하다, 깊이 반성하다, 자기비판을 하다.

[例] 检讨工作上的失误。
업무상의 실수를 반성하다.

2) 명사: 检讨
   반성문

[例] 写一份检讨。
반성문을 쓰다.

3) 동사: 检讨, 分析研究.
   검토하여 분석 연구하다.

[例] 检讨一下原稿。
원고를 검토하고 분석하다.

【분석】 중국어에서 '检讨'와 '反省'은 모두 '반성하다'의 의미를 가지고 있으나 용법에서의 차이가 존재한다. '检讨'는 스스로가 마음속으로 잘못을 깨달아서 하는 내면적인 자아 반성과 타인 앞에서 자신의 잘못을 인정하고 반성하는 데에 모두 쓰이지만 '反省'은 주로 자신이 내면적으로 반성하는 데에 쓰임에 유의해야 한다.

45 - 한중 동형 동의어

韓 격려하다 [激勵하다]

中 激励 (jī lì)·鼓励 (gǔ lì)

例 老师激励她勇敢面对现实。
선생님은 그녀에게 용감히 현실을 직시하도록 격려하였다.

例 老师鼓励她勇敢面对现实。
선생님은 그녀에게 용감히 현실을 직시하도록 격려하였다.

---

46 - 한중 동형 동의어

韓 격퇴하다 [擊退하다]

中 击退 (jī tuì)

例 我军击退了敌军的再次进攻。
우리 군은 적군의 재차 공격을 격퇴하였다.

---

47 - 한중 동형 동의어

韓 결단하다 [決斷하다]

中 决断 (jué duàn)

例 敢于决断的人是敢于为决断负责的人。
과감히 결단하는 사람은 내린 결단에 책임을 질 줄 아는 사람이다.

48 - 한중 동형 동의어

[韓] 결산하다 [決算하다]

[中] 决算 (jué suàn)

[例] 决算今年的财政收支。
올해의 재정수지에 대해 결산한다.

---

49 - 한중 동형 동의어

[韓] 결석하다 [缺席하다]

[中] 缺席 (quē xí)

[例] 把缺席的人的名单报上去。
결석한 사람의 명단을 보고한다.

【분석】 중국어에서 '결석하다'의 의미로 '缺席'을 사용하고 있지만 "수업에 결석하다."의 경우에는 "缺课。"로 표현함에 유의해야 한다.

---

50 - 한중 동형 동의어

[韓] 결심하다 [決心하다]

[中] 决心 (jué xīn)

[例] 我决心下个学期去中国留学。
나는 다음 학기에 중국으로 가서 유학하기로 결심하였다.

51 - 한중 동형 동의어

🇰🇷 결정하다 [決定하다]

🇨🇳 决定 (jué dìng)

📝 人生的每个选择都应该由自己决定。
인생의 모든 선택은 자신이 결정해야 한다.

---

52 - 한중 동형 동의어

🇰🇷 결혼하다 [結婚하다]

🇨🇳 结婚 (jié hūn)

📝 这对夫妻刚刚结婚。
이 부부는 방금 결혼하였다.

---

53 - 한중 동형 동의어

🇰🇷 겸하다 [兼하다]

🇨🇳 兼 (jiān)

📝 在这部电影里他是导演兼主人公。
이 영화에서 그는 감독과 주연을 겸하고 있다.

54 - 한중 동형 동의어

🇰🇷 경계하다 [警戒하다]

🇨🇳 警戒 (jǐng jiè)

📝 我军要时刻警戒敌人的突然袭击。
우리 군은 시시각각 적의 돌연 습격을 경계해야 한다.

---

55 - 한중 동형 동의어

🇰🇷 경례하다 [敬禮하다]

🇨🇳 敬礼 (jìng lǐ)

📝 上课之前要先向老师敬礼。
수업 시작하기 전에 먼저 선생님께 경례해야 한다.

---

56 - 한중 동형 동의어

🇰🇷 경영하다 [經營하다]

🇨🇳 经营 (jīng yíng)

📝 当地的农家主要经营蓄牧业。
현지의 농가는 주로 목축업을 경영하고 있다.

【분석】 중국어의 [经营]은 '사업이나 기업을 관리하고 운용하다'의 의미 외에도 '취급하다'의 의미를 가지고 있다. 이를테면 "我们公司经营废铁。(우리 회사는 고철을 취급한다)"와 같다.

57 - 한중 동형 동의어

韓 경쟁하다 [競爭하다]

中 竞争 (jìng zhēng)

例 我不喜欢跟朋友竞争。
나는 친구와 경쟁하는 것을 좋아하지 않는다.

58- 한중 동형 이의어

韓 경주하다 [競走하다]

  사람, 동물, 차량 따위가 일정한 거리를 달려 빠르기를 겨루다.

中 竞走 (jìng zǒu)

  명사: 竞走
    경보

例 竞走比赛。
  경보 경기.

【분석】 중국어에서 '竞走'는 육상경기의 일종으로 걸음으로 빠르기를 겨루는 경보 운동이다. "자동차는 도로에서 경주하듯이 달린다."를 중국어로 "汽车在马路上竞走。"로 표현하면 非文이 되며 "汽车在马路上飞驰。" 또는 "汽车在马路上赛跑。"로 표현해야 한다.

59 - 한중 동형 동의어

[韓] 경축하다 [慶祝하다]

[中] 庆祝 (qìng zhù)

[例] 为了庆祝本次大会的成果委员长亲自发来电报。
이번 대회의 성과를 경축하기 위해 위원장이 직접 전문을 보내왔다.

---

60 - 한중 동형 동의어

[韓] 경험하다 [經驗하다]

[中] 经验 (jīng yàn)·经受 (jīng shòu)·经历 (jīng lì)

[例] 从来没有经验过如此复杂的过程。
이토록 복잡한 과정을 전혀 경험해보지 못했다.

[例] 从来没有经受过如此复杂的过程。
이토록 복잡한 과정을 전혀 경험해보지 못했다.

[例] 从来没有经历过如此复杂的过程。
이토록 복잡한 선발 과정을 전혀 경험해보지 못했다.

61 - 한중 동형 동의어

韓 계발하다 [啓發하다]

中 启发 (qǐ fā)

例 老师应该启发学生们的多元化思考方式。
선생님은 학생들의 다원화된 사고방식을 계발해야 한다.

---

62 - 한중 동형 부분 이의어

韓 계산하다 [計算하다]
1) 수를 헤아리다.
2) 어떤 일을 예상하거나 고려하다.
3) 값을 치르다.
4) 어떤 일이 자기에게 이해득실이 있는지 따지다.
5) 수학에서 주어진 수나 식을 일정한 규칙에 따라 처리하여 수치를 구하다.

中 计算 (jì suàn)

1) 동사: 计算
   수를 헤아리다.

例 计算了所有费用。
모든 비용을 계산하였다.

2) 동사: 计算, 考虑, 筹划.
   고려하다, 기획하다, 준비하다.

例 做事最好先计算一下。
   일을 할 때에는 미리 계획해 보는 것이 좋다.

3) 동사: 谋害, 算计, 暗害.
   암해하다, 모해하다.

例 做人要光明磊落, 不要总是背后计算别人。
   사람이 공명정대해야지 늘 뒤에서 남을 모해해서는 안 된다.

【분석】 중국어의 '计算'은 '수를 헤아리다'의 의미에서 한국 한자어 '計算하다'와 동일한 용법으로 사용되지만 이외에도 '고려하다, 계획하다, 타산하다, 암해하다, 모해하다'의 용법으로 사용됨에 유의해야 한다. 아울러 한국 한자어 '計算하다'의 '값을 치르다.(식비를 계산하다.)'의 용법은 중국어에서 사용되지 않음에 유의해야 한다.

63 - 한중 동형 동의어

韓 계속하다 [繼續하다]

中 继续 (jì xù)

例 对社会的改革应该继续下去。
   사회 개혁은 계속해야만 한다.

64 - 한중 동형 동의어

🇰🇷 계승하다 [繼承하다]

🇨🇳 继承 (jì chéng)

例 为了继承家业应该更加努力。
가업을 계승하기 위해 더욱 노력해야 한다.

---

65 - 한중 동형 동의어

🇰🇷 계획하다 [計劃하다]

🇨🇳 计划 (jì huà)

例 在旅行之前要先计划好所有行程。
여행하기 전에 모든 여정을 먼저 계획해야 한다.

---

66 - 한중 동형 동의어

🇰🇷 고려하다 [考慮하다]

🇨🇳 考虑 (kǎo lǜ)

例 目前应该先考虑毕业之后的就业问题。
현재는 졸업 후의 취직 문제에 대해 먼저 고려해야 한다.

67 - 한중 동형 동의어

韓 고민하다 [苦悶하다]

中 苦闷 (kǔ mèn)·苦恼 (kǔ nǎo)

例 因为心中苦闷, 所以来跟你商量。
마음속으로 고민되어 너와 의논하러 왔다.

例 因为心中苦恼, 所以来跟你商量。
마음속으로 고민되어 너와 의논하러 왔다.

---

68 - 한중 동형 동의어

韓 고백하다 [告白하다]

中 告白 (gào bái)

例 倔强的眼神彷佛处处告白他对现实社会的不调和。
고집스러운 눈빛은 도처에 그와 현실 사회의 부조화를 고백하는 듯하였다.

69 - 한중 동형 동의어

🇰🇷 고안하다 [考案하다]

🇨🇳 考案 (kǎo àn)

📝 儒家的古史系统是根据大一统的思想考案出来的东西。
유가의 고대사 계통은 대일통 사상에 근거하여 고안해 낸 것이다.

【분석】 '考案'은 현대 중국어에서 현용하고 있지 않으며 '研究开发' 또는 줄임말 '研发'로 대체되고 있음에 유의해야 한다.

---

70 - 한중 동형 동의어

🇰🇷 고집하다 [固執하다]

🇨🇳 固执 (gù zhí)

📝 他们各自固执己见,很难达成一致。
그들은 각자 자신의 의견을 고집해서 통일된 의견을 도출해 내기가 어렵다.

【분석】 한국어에서의 명사 '固執'은 중국어로 '固执'이 아니라 '倔脾气'로 표현됨에 유의해야 한다. 이를테면 "그 사람은 고집이 있다."는 중국어로 "他有倔脾气。"로 표현한다.

71 - 한중 동형 이의어

[韓] 골몰하다 [汨沒하다]

다른 생각을 할 겨를이 없이 한 가지 일에만 파묻히다.

[中] 汨没 (gǔ mò)

동사: 埋没

매몰되다

[例] 害怕自己的智慧会汨没。

자신의 지혜가 매몰될까 봐 두려워하다.

【분석】 한국 한자어 '汨沒하다'는 중국어에서 '专心, 热中' 등 어휘로 표현된다. 이를테면 "그는 무엇인가 골몰히 생각하고 있다."는 "他正在专心想着什么。"로 표현된다. 중국어의 '汨沒'은 서면어로 쓰이며 사용 빈도가 상대적으로 낮음에 유의해야 한다.

---

72 - 한중 동형 동의어

[韓] 공격하다 [攻擊하다]

[中] 攻击 (gōng jī)

[例] 两个人像仇人似地互相攻击。

두 사람은 원수처럼 서로 공격한다.

73 - 한중 동형 동의어

[韓] 공경하다 [恭敬하다]

[中] 恭敬 (gōng jìng)

[例] 韩国人对长辈很恭敬。
한국인들은 연장자를 아주 공경한다.

---

74 - 한중 동형 동의어

[韓] 공급하다 [供給하다]

[中] 供给 (gōng jǐ)·供应 (gōng yìng)

[例] 只能给灾民供给些水和食物。
이재민에게 약간의 물과 음식을 공급할 수 있을 뿐이다.

[例] 只能给灾民供应些水和食物。
이재민에게 약간의 물과 음식을 공급할 수 있을 뿐이다.

---

75 - 한중 동형 동의어

[韓] 공포하다 [公布하다]

[中] 公布 (gōng bù)

[例] 公布了新的奖惩制度。
새로운 상벌제도를 공포하였다.

76 - 한중 동형 동의어

[韓] 과시하다 [誇示하다]
[中] 夸示 (kuā shì)·夸耀 (kuā yào)
[例] 夸示自己的财富。
자신의 부를 과시하였다.
[例] 夸耀自己的财富。
자신의 부를 과시하였다.

---

77 - 한중 동형 동의어

[韓] 과장하다 [誇張하다]
[中] 夸张 (kuā zhāng)·夸大 (kuā dà)
[例] 总是喜欢夸张事实。
늘 사실을 과장하는 것을 좋아한다.
[例] 总是喜欢夸大事实。
늘 사실을 과장하는 것을 좋아한다.

---

78 - 한중 동형 동의어

[韓] 관람하다 [觀覽하다]
[中] 观览 (guān lǎn)
[例] 我们一边观览，一边聊着心得。
우리는 관람하면서 한편으로 깨달은 바에 대해 얘기를 나누었다.

79 - 한중 동형 동의어

韓 관리하다 [管理하다]

中 管理 (guǎn lǐ)

例 管理一个国家,是经常会遇到很多困难的。
한 나라를 관리하는 데에는 늘 많은 어려움에 봉착하게 된다.

---

80 - 한중 동형 동의어

韓 관찰하다 [觀察하다]

中 观察 (guān chá)

例 仔细观察各种情况。
자세히 상황을 관찰한다.

---

81 - 한중 동형 동의어

韓 관측하다 [觀測하다]

中 观测 (guān cè)

例 气象台观测到近期会有霜降。
기상대에서 가까운 시일 내에 서리가 내릴 것으로 관측하였다.

82 - 한중 동형 동의어

韓 관통하다 [貫通하다]

中 贯通 (guàn tōng)

例 开通了贯通南北的高速公路。
남북 지역을 관통하는 고속도로를 개통하였다.

---

83 - 한중 동형 동의어

韓 광복하다 [光復하다]

中 光复 (guāng fù)

例 光复祖国和江山。
조국 강산을 광복하다.

---

84 - 한중 동형 동의어

韓 광분하다 [狂奔하다]

中 狂奔 (kuáng bēn)

例 烈马狂奔到草原上。
사나운 말은 초원으로 광분하였다.

【분석】 한국 한자어 '狂奔하다'는 '미친 듯이 뛰어 달아나다'의 의미 외에 '혈안이 되다'라는 의미를 가지고 있다. 중국어에서 '狂奔'은 '혈안이 되다'라는 용법으로 사용되지 않음에 유의해야 한다.

85 - 한중 동형 부분 이의어

[韓] 교대하다 [交代하다]
  어떤 일을 여럿이 나누어서 차례에 따라 맡아 하다.

[中] 交代 (jiāo dài)

  1) 동사: 交接, 交付, 接替, 移交.
     사무를 인계하다.
[例] 把经手的事交代给接替的人。
  업무를 인수자에게 교대하다(인수하다).

  2) 동사: 嘱咐, 吩咐
     분부하다, 당부하다.
[例] 母亲再三交代出门要多加小心。
  어머니는 여러 번이나 외출할 때 조심하라고 당부하였다.

  3) 동사: 说明, 解释.
     사징이나 의견을 설명하다.
[例] 事情没办好, 回去怎么交代?
  일 처리를 못했는데 돌아가서 어떻게 설명해야지?

  4) 동사: 坦白
     잘못이나 죄 따위를 자백하다.
[例] 坦白交代领导会原谅的。
  솔직하게 자백하면 상사가 용서할 것이다.

86 - 한중 동형 동의어

[韓] 교제하다 [交際하다]

[中] 交际 (jiāo jì)

[例] 他不太喜欢和人交际。
그는 사람과 교제하는 것을 그다지 좋아하지 않는다.

---

87 - 한중 동형 동의어

[韓] 구걸하다 [求乞하다]

[中] 求乞 (qiú qǐ)

[例] 在路边求乞。
길가에서 구걸하다.

---

88 - 한중 동형 동의어

[韓] 구매하다 [購買하다]

[中] 购买 (gòu mǎi)

[例] 购买国货也是一种爱国行为。
국산품을 구매하는 것도 일종의 애국 행동이다.

89 - 한중 동형 동의어

[韓] 구별하다 [區別하다]

[中] 区别 (qū bié)

[例] 要区别善恶。
선과 악을 구별해야 한다.

---

90 - 한중 동형 동의어

[韓] 구분하다 [區分하다]

[中] 区分 (qū fēn)

[例] 这是区分善恶的标准。
이는 선과 악을 구분하는 기준이다.

---

91 - 한중 동형 동의어

[韓] 구상하다 [構想하다]

[中] 构想 (gòu xiǎng)·构思 (gòu sī)

[例] 构想一个新的方案。
새로운 방안을 구상하다.

[例] 构思一个新的方案。
새로운 방안을 구상하다.

92 - 한중 동형 동의어

[韓] 구성하다 [構成하다]

[中] 构成 (gòu chéng)

[例] 各个卫星城市构成了一个交通网。
각 위성 도시들이 하나의 교통망을 구성하였다.

---

93 - 한중 동형 부분 이의어

[韓] 구속하다 [拘束하다]
 1) 행동이나 의사의 자유를 제한하거나 속박하다.
 2) 고체의 가로 수축을 제한하면서 세로로 장력을 가하다.
 3) 다른 물체나 전자기장이 제한을 가해 물체의 운동을 어떤 공간에 가두다.
 4) 법원이나 판사가 피의자나 피고인을 강제로 일정한 장소에 잡아 가두다.

[中] 拘束 (jū shù)
 1) 동사: 拘束, 束缚.
  구속하다, 속박하다.

[例] 不要过分拘束孩子的正当活动。
 아이들의 정당한 활동을 너무 구속하지 말아야 한다.

 2) 형용사: 拘束.
  어색하다, 거북하다, 자연스럽지 못하다.

例 每次见到生人总感觉有些拘束。
매번 낯선 사람들을 만날 때면 어색하게 느껴진다.

【분석】 중국어에서 '拘束'은 '속박하다, 구속하다'의 의미 외에 '자연스럽지 못하고 어색하다, 딱딱하다, 거북하다'의 의미로도 사용됨에 유의해야 한다. 아울러 한국 한자어 '拘束하다'의 '법원이나 판사가 피의자나 피고인을 강제로 일정한 장소에 잡아 가두다.'의 용법은 중국어에서 '拘留'로 표현한다.

94 - 한중 동형 동의어

韓 구원하다 [救援하다]

中 救援 (jiù yuán)

例 紧急救援灾民。
이재민을 긴급 구원하다.

95 - 한중 동형 동의어

韓 구제하다 [救濟하다]

中 救济 (jiù jì)·接济 (jiē jì)

例 政府发放大量物资救济灾民。
정부에서 대량의 물자를 방출하여 이재민을 구제하였다.

例 政府发放大量物资接济灾民。
정부에서 대량의 물자를 방출하여 이재민을 구제하였다.

96 - 한중 동형 동의어

韓 구하다 [救하다]

中 救 (jiù)

例 是他勇敢地救了大家。
그가 용감하게 모두를 구한 것이다.

---

97 - 한중 동형 동의어

韓 구하다 [求하다]

中 求 (qiú)

例 不求富贵也不求名利。
부귀와 명리를 구하지 않다.

---

98 - 한중 동형 동의어

韓 구호하다 [救護하다]

中 救护 (jiù hù)

例 应该紧急救护各个伤员。
부상자들을 긴급 구호해야 한다.

99 - 한중 동형 동의어

韓 굴복하다 [屈服하다]

中 屈服 (qū fú)

例 绝对不能屈服于困难。
어려움에 굴복해서는 아니 된다.

---

100 - 한중 동형 동의어

韓 권유하다 [勸誘하다]

中 劝诱 (quàn yòu)·劝导 (quàn dǎo)
劝说 (quàn shuō)·劝告 (quàn gào)

例 劝诱了一番, 但是没有用。
한바탕 권유하였으나 소용이 없었다.

例 劝导了一下, 但是没有用。
한바탕 권유하였으나 소용이 없었다.

例 劝说了一番, 但是没有用。
한바탕 권유하였으나 소용이 없었다.

例 劝告了一番, 但是没有用。
한바탕 권유하였으나 소용이 없었다.

101 - 한중 동형 동의어

[韓] 권하다 [勸하다]

[中] 勸 (quàn)

[例] 劝他读些有用的书。
그에게 유용한 책을 읽으라고 권했다.

---

102 - 한중 동형 동의어

[韓] 귀국하다 [歸國하다]

[中] 归国 (guī guó)·回国 (huí guó)

[例] 归国侨眷的权益受到国家的保护。
귀국한 동포 가족의 권익은 국가의 보호를 받는다.

[例] 回国机票已经买到了。
귀국하는 비행기표를 이미 샀다.

---

103 - 한중 동형 동의어

[韓] 귀순하다 [歸順하다]

[中] 归顺 (guī shùn)

[例] 已有归顺之心。
귀순하고자 하는 마음은 이미 있었다.

104 – 한중 동형 동의어

[韓] 규정하다 [規定하다]

[中] 规定 (guī dìng)

[例] 法律规定青少年有受教育的权利。
법률은 청소년이 교육받을 권리가 있음을 규정하고 있다.

---

105 – 한중 동형 이의어

[韓] 극복하다 [克服하다]
  1) 악조건이나 고생 따위를 이겨 내다.
  2) 적을 이기어 굴복시키다.

[中] 克服 (kè fú)

 1) 동사: 克服, 战胜.
    극복하다, 이겨 내다.

[例] 不管有多困难, 都要想办法克服。
아무리 어려워도 극복할 방법을 찾아야 한다.

 2) 동사: (구두어) 克制, 忍受, 忍耐.
    참고 견디다, 인내하다.

[例] 生活条件不太好, 大家克服一下。
생활 여건이 좋지 않은데 모두 참고 견디길 바란다.

【분석】 한국 한자어 '克服하다'의 '적을 이기어 굴복시키다.' 용법은 중국어로 '打败, 击败, 折服, 降服' 등으로 표현해야 함에 유의해야

한다. 이를테면 "행동 없이 침략자를 극복할 수는 없다."는 중국어에서 "不付出行动就折服不了侵略者。"로 표현해야 한다.

106 - 한중 동형 이의어

[韓] 근무하다 [勤務하다]
   1) 직장에 적을 두고 직무에 종사하다.
   2) 일직, 숙직, 당번 따위를 맡아서 집행하다.

[中] 勤务 (qín wù)

  1) 명사: 勤务
     근무

[例] 作为勤务人员, 他知道责任重大。

   그는 근무자로서 책임이 막중함을 알고 있다.

  2) 명사: 勤务兵
     군대에서 비전투 업무를 보는 사역병.

[例] 当了一个月的勤务兵。

   한 달간 사역병으로 근무하였다.

【분석】 중국어에서 '勤务'는 '1) 근무, 2) 군대에서 비전투 업무나 잡일을 하는 사병'의 의미를 가지며 명사로만 쓰임에 유의해야 한다. 아울러 "직장에 勤務하다."는 중국어에서 "在单位工作。"으로 표현하며, "일직, 숙직, 당번, 경비, 보초를 서다."는 "值勤。"으로 표현한다.

107 - 한중 동형 동의어

韓 금지하다 [禁止하다]

中 禁止 (jìn zhǐ)

例 博物馆内禁止摄影。
박물관 내에서는 촬영을 금지한다.

---

108 - 한중 동형 동의어

韓 금하다 [禁하다]

中 禁 (jìn)

例 在校内严禁体罚。
교내에서는 체벌을 엄히 금하고 있다.

---

109 - 한중 동형 동의어

韓 기념하다 [紀念하다]

中 纪念 (jì niàn)

例 纪念结婚20周年。
결혼 20주년을 기념하다.

110 - 한중 동형 동의어

韓 기도하다 [祈禱하다]

中 祈祷 (qí dǎo)

例 祈祷家人平安归来。
가족들이 안전하게 귀가하기를 기도한다.

---

111 - 한중 동형 동의어

韓 기록하다 [記錄하다]

中 记录 (jì lù)

例 记录每一个细节。
모든 세부적인 것을 기록한다.

---

112 - 한중 동형 동의어

韓 기생하다 [寄生하다]

中 寄生 (jì shēng)

例 寄生在动物体内。
동물 체내에 기생한다.

113 - 한중 동형 동의어

🇰🇷 기억하다 [記憶하다]

🇨🇳 记忆 (jì yì)

例 小时候的事情还能记忆起来。
어릴 적의 일들을 아직 기억해 낼 수 있다.

【분석】 중국어에서 '记忆'은 주로 명사로 사용되며, 동사 '기억하다'는 '记'로 표현함에 유의해야 한다.

---

114 - 한중 동형 동의어

🇰🇷 기획하다 [企劃하다]

🇨🇳 企划 (qǐ huà)

例 详细填写企划的目标和内容。
기획하고자 하는 **목표**와 내용을 상세히 기입하다.

---

115 - 한중 동형 동의어

🇰🇷 나열하다 [羅列하다]

🇨🇳 罗列 (luó liè)

例 罗列事实之后加以分析。
사실을 나열한 이후에 분석한다.

116 - 한중 동형 동의어

韓 나포하다 [拿捕하다]

中 拿捕 (ná bǔ)·捉拿 (zhuō ná)

例 拿捕罪犯是最重要的任务。
범죄자를 나포하는 것이 가장 중요한 임무이다.

例 捉拿罪犯是最重要的任务。
범죄자를 나포하는 것이 가장 중요한 임무이다.

---

117 - 한중 동형 동의어

韓 낙방하다 [落榜하다]

中 落榜 (luò bǎng)

例 仔细分析了高考落榜的原因。
대학 입시에 낙방한 원인을 자세히 분석하였다.

---

118 - 한중 동형 동의어

韓 낭독하다 [朗讀하다]

中 朗读 (lǎng dú)

例 大声朗读有助于外语学习。
큰소리로 낭독하는 것은 외국어 학습에 도움이 된다.

119 - 한중 동형 동의어

[韓] 낭비하다 [浪費하다]
[中] 浪费 (làng fèi)
[例] 不能浪费自己的青春。
자신의 청춘을 낭비해서는 아니 된다.

---

120 - 한중 동형 동의어

[韓] 내왕하다 [來往하다]
[中] 来往 (lái wǎng)·往来 (wǎng lái)
[例] 不理解为何与他来往?
왜 그와 내왕하는지 이해할 수 없다.

[例] 不理解为何与他往来?
왜 그와 내왕하는지 이해할 수 없다.

---

121 - 한중 동형 동의어

[韓] 냉대하다 [冷待하다]
[中] 冷待 (lěng dài)·冷落 (lěng luò)
[例] 不应该冷待了客人。
손님을 냉대해서는 아니 된다.

[例] 不应该冷落了客人。
손님을 냉대해서는 아니 된다.

122 - 한중 동형 동의어

[韓] 노력하다 [努力하다]

[中] 努力 (nǔ lì)

[例] 努力成为优秀的人材。
우수한 인재가 되도록 노력하다.

---

123 - 한중 동형 동의어

[韓] 노하다 [怒하다]

[中] 怒 (nù)

[例] 爷爷大怒。
할아버지는 크게 노하셨다.

---

124 - 한중 동형 동의어

[韓] 녹음하다 [錄音하다]

[中] 录音 (lù yīn)

[例] 录音的地方应该没有噪音。
녹음하는 곳에는 소음이 없어야 한다.

125 - 한중 동형 동의어

🇰🇷 단결하다 [團結하다]

🇨🇳 团结 (tuán jié)

📝 全国人民团结起来克服了难关。
온 국민이 단결하여 난관을 극복하였다.

---

126 - 한중 동형 동의어

🇰🇷 단념하다 [斷念하다]

🇨🇳 断念 (duàn niàn)

📝 要想断念也就更困难了。
단념하려는 것이 오히려 더 어렵다.

【분석】 '断念'은 중국의 현대 백화문 저작에 종종 출현하는데 현용 중국어에서는 '断了念头。'로 풀어서 사용됨에 유의해야 한다. 이를테면 "일찍이 단념하는 것이 좋다."는 "不如趁早断了念头。"라고 표현한다.

---

127 - 한중 동형 동의어

🇰🇷 달성하다 [達成하다]

🇨🇳 达成 (dá chéng)

📝 成功达成今年的目标。
올해의 목표를 성공적으로 달성하였다.

128 - 한중 동형 이의어

[韓] 담당하다 [擔當하다]
일을 맡다.

[中] 担当 (dān dāng)
  1) 동사: 担当, 担任.
     담당하다, 맡다.
[例] 担当重任。
     중요한 직책을 맡다.

  2) 承担
     감당하다, 책임지다, 짊어지다, 떠맡다.
[例] 失去这样的重要顾客，我们可担当不起。
     이토록 중요한 고객을 잃는다면 우리는 도저히 감당할 수 없다.

【분석】 중국어의 '担当'은 '담당하다'는 의미 외에 '감당하다, 책임지다'의 의미로도 쓰임에 유의해야 한다.

---

129 - 한중 동형 동의어

[韓] 담판하다 [談判하다]

[中] 谈判 (tán pàn)

[例] 是否停战的问题谈判之后才能下决定。
    정전 여부에 관련된 문제는 담판하고 나서 결정을 내릴 수 있다.

130 - 한중 동형 동의어

🇰🇷 답하다 [答하다]

🇨🇳 答 (dá)

📝 她只是笑而不答。
그녀는 웃기만 하고 답하지 않았다.

---

131 - 한중 동형 이의어

🇰🇷 당면하다 [當面하다]
  1) 바로 눈앞에 당하다.
  2) 서로 얼굴을 마주 보고 대하다.

🇨🇳 当面 (dāng miàn)
   부사: 면전에서 직접, 대놓고.

📝 有话应该当面说清楚。
할 말이 있으면 면전에서 직접 얘기해야 한다.

【분석】 한국 한자어 '當面하다'는 '1) 바로 눈앞에 당하다. 2) 서로 얼굴을 마주 보고 대하다.'의 의미를 가지고 있다. 이 두 가지 용법과 관련하여 1) "當面한 문제"는 중국어에서 "面临的问题"로 표현되며, 2) "그 사람과 당면하다."는 "见到那个人。"으로 표현됨에 유의해야 한다. 아울러 중국어의 '当面'은 부사적 용법으로 쓰임에 유의해야 한다.

132 - 한중 동형 동의어

🇰🇷 대답하다 [對答하다]

🇨🇳 对答 (duì dá)·回答 (huí dá)

📝 对很多疑难问题她对答如流。
많은 난제에 대해 그녀는 막힘없이 술술 대답하였다.

📝 在课堂上积极回答老师的提问。
수업 시간에 선생님의 질문에 적극적으로 대답하였다.

【분석】 중국어에서 '对答'은 '回答对方的提问(상대방의 질문에 대답하다)'의 의미를 지니고 있고 '回答'은 '对问题给予解释, 对要求表示意见(문제에 대해 해석을 가하다, 요구에 대해 의견을 표시하다)'의 의미를 지니고 있다. 즉 두 어휘가 '대답하다'라는 의미 측면에서 동일하지만, 용법에서의 차이가 있는 것이다. 이를테면 "문제에 대해 대답하다."를 "对答问题。"로 하면 非文이 되며 "回答问题。"로 표현해야 함에 유의해야 한다.

133 - 한중 동형 동의어

🇰🇷 대립하다 [對立하다]

🇨🇳 对立 (duì lì)

📝 两条路线相互对立。
두 노선은 서로 대립하고 있다.

134 - 한중 동형 이의어

[韓意] 대우하다 [待遇하다]
 1) 어떤 사회적 관계나 태도로 대하다.
 2) 예의를 갖추어 대하다.

[中意] 待遇 (dài yù)

 1) 동사: (서면어) 对待
    대접하다.
[例] 待遇宾客甚厚。
   손님을 융성하게 대접하였다.

 2) 명사: 接待
    접대.
[例] 周到的待遇。
   세심한 접대.

 3) 명사: 待遇
    권리, 지위.
[例] 待遇平等。
   지위가 평등하다.

 4) 명사: 报酬
    봉급, 보수.
[例] 职务待遇很高。
   직급의 보수가 아주 높다.

【분석】 중국어에서 '待遇'는 서면어 이외에 주로 명사로 사용됨에 유의해야 한다.

135 - 한중 동형 동의어

🇰🇷 대조하다 [對照하다]

🇨🇳 对照 (duì zhào)

📝 对照教科书之后发现了不少错误。
교과서와 대조한 결과 적지 않은 실수를 발견하였다.

---

136 - 한중 동형 동의어

🇰🇷 대표하다 [代表하다]

🇨🇳 代表 (dài biǎo)

📝 智能手机代表着新时代的科技发展。
스마트폰은 새로운 시대의 과학 기술 발전을 대표하고 있다.

---

137 - 한중 동형 동의어

🇰🇷 대피하다 [待避하다]

🇨🇳 待避 (dài bì)

📝 同级的列车也可以发生待避。
동급의 열차 사이에서도 대피하는 상황이 생길 수 있다.

【분석】 현대 중국어에서 '待避'는 '위험이나 피해를 입지 않도록 일시적으로 피하다'의 의미를 가지고 있다. 그러나 현재 철도 관련 전문 용어로만 사용됨에 유의해야 한다.

138 - 한중 동형 동의어

韓 대항하다 [對抗하다]

中 对抗 (duì kàng)

例 青少年时期谁都有过对抗父母管束的经验。
청소년기에는 누구나 부모의 통제에 대항한 경험이 있을 것이다.

---

139 - 한중 동형 동의어

韓 대화하다 [對話하다]

中 对话 (duì huà)

例 对话双方都需要保持理智。
대화하는 쌍방은 모두 이성을 유지해야 한다.

---

140 - 한중 동형 동의어

韓 도굴하다 [盜掘하다]

中 盜掘 (dào jué)

例 这伙人盗掘文物时正好下起暴雨。
이 무리들이 문물을 도굴할 때 마침 폭우가 내리기 시작하였다.

【분석】 "고분을 몰래 파헤쳐 부장품을 훔치다."는 중국어에서 '盜墓'로 표현함에 유의해야 한다.

141 - 한중 동형 동의어

韓 도달하다 [到達하다]

中 到达 (dào dá)

例 到达目的地之后马上休息。
목적지에 도달한 후에 바로 휴식하도록 한다.

【분석】 중국어에는 '到达', '达到' 두 가지 형태의 어휘가 있는데 '到达'은 '어떤 지점이나 어떤 단계에 이르다, 도착하다, 도달하다'를 의미한다. 예를 들어 "到达北京。(북경에 도달하다.)", "到达目的地。(목적지에 도달하다.)"와 같다. '达到'는 '추상적인 사물이나 정도에 이르다, 달성하다, 도달하다'를 의미하는데 예를 들어 "达到目的。(목적을 이루다.)", "达到国际水平。(국제 수준에 이르다.)" 등과 같다.

---

142 - 한중 동형 동의어

韓 도망하다 [逃亡하다]

中 逃亡 (táo wáng)

例 因为受到迫害所以逃亡国外。
박해를 받아서 국외로 도망하였다.

143 - 한중 동형 동의어

韓 도모하다 [圖謀하다]

中 图谋(tú móu)

例 图谋不轨。
(나쁜 일을) 도모하다(획책하다).

例 图谋政治改革。
정치 개혁을 도모하다.

【분석】 중국어에는 '图谋'는 1) '암암리에 꾀하거나 획책하다(동사)', 2) '계략(명사)' 등 두 가지 용법을 가지고 있다. 현대 중국어에서 동사 '图谋'는 주로 나쁜 일을 꾀한다는 의미로 사용되기에 한국 한자어 '图谋하다'와 포폄의 차이가 있음에 유의해야 한다.

144 - 한중 동형 동의어

韓 도전하다 [挑戰하다]

中 挑战 (tiǎo zhàn)

例 挑战铁人三项。
철인 3종 경기에 도전하다.

145 - 한중 동형 동의어

📖 독립하다 [獨立하다]

🀄 独立 (dú lì)

📝 对外投资部门已独立出去了。
대외 투자 부서는 이미 독립해 나갔다.

---

146 - 한중 동형 동의어

📖 독서하다 [讀書하다]

🀄 读书 (dú shū)

📝 应该从小培养读书的习惯。
어릴 적부터 독서하는 습관을 길러야 한다.

---

147 - 한중 동형 동의어

📖 돌파하다 [突破하다]

🀄 突破 (tū pò)

📝 突破亚洲记录。
아시아의 기록을 돌파하였다.

148 - 한중 동형 동의어

韓 동경하다 [憧憬하다]

中 憧憬 (chōng jǐng)

例 憧憬无限美好的未来。
아름다운 미래를 동경하다.

---

149 - 한중 동형 동의어

韓 동요하다 [動搖하다]

中 动摇 (dòng yáo)

例 再多的诱惑我也不会动摇。
유혹이 아무리 많을지라도 나는 동요하지 않을 것이다.

---

150 - 한중 동형 동의어

韓 동원하다 [動員하다]

中 动员 (dòng yuán)

例 动员全校师生参加献血。
전교의 사생을 동원하여 헌혈에 동참하도록 하였다.

151 - 한중 동형 동의어

[韓] 동정하다 [同情하다]

[中] 同情 (tóng qíng)

[例] 应该同情并关心难民。
난민들을 동정하고 관심을 가져야 한다.

---

152 - 한중 동형 동의어

[韓] 등산하다 [登山하다]

[中] 登山 (dēng shān)

[例] 登山的途中遇到几个熟人。
등산하는 도중에 몇몇 지인을 만났다.

【분석】 중국어에서 '登山'과 '爬山'은 동의어이나 '登山'의 사용 범주가 더 넓음에 유의해야 한다.

153 - 한중 동형 동의어

韓 등용하다 [登用하다]

中 登用 (dēng yòng)·录用 (lù yòng)

例 登用各类人才。
각종 인재를 등용하다.

例 录用各类人才。
각종 인재를 등용하다.

【분석】 중국어에서 '登用'과 '录用'은 의미, 품사 및 용법이 모두 동일하다. 그러나 '登用'은 고어투의 어휘이며 현용 중국어에서 '录用'의 사용 빈도가 더 높음에 유의해야 한다.

---

154 - 한중 동형 동의어

韓 등장하다 [登場하다]

中 登场 (dēng chǎng)

例 各个参加大会的选手闪亮登场。
대회 참가 선수들이 멋지게 등장하였다.

155 - 한중 동형 부분 이의어

[韓] 망명하다 [亡命하다]

1) 혁명 또는 그 밖의 정치적인 이유로 자기 나라에서 박해를 받고 있거나 박해를 받을 위험이 있는 사람이 이를 피하기 위하여 외국으로 몸을 옮기다.
2) 망명도주의 준말. 죽을죄를 지은 사람이 몸을 숨겨 멀리 도망하다.

[中] 亡命 (wáng mìng)

1) 동사: 亡命
   망명하다, 도망하다.

[例] 亡命他乡。
  타향으로 망명하다.

2) 동사: 亡命, 拼命.
   목숨을 내걸다, 죽음을 두려워하지 않다, 필사적으로 발악하다

[例] 亡命徒。
  필사적으로 발악하는 악당.

【분석】 중국어의 '亡命'은 두 가지 의미를 가지고 있다. 1) '망명하다, 도망하다'의 의미에서 한국 한자어 '亡命하다'와 동의어 관계이다. 이를테면 '亡命者', '亡命国外'와 같다. 2) '필사적으로 발악하다, 목숨을 내걸다, 죽음을 두려워하지 않다'의 의미를 가지고 있는데 이는 한국 한자어 '亡命하다'에서 사용되지 않는 용법임에 유의해야 한다.

156 - 한중 동형 동의어

韓 매장하다 [埋葬하다]

中 埋葬 (mái zàng)

例 把他埋葬在山脚下。
그를 산기슭에 매장하였다.

---

157 - 한중 동형 동의어

韓 맹세하다 [盟誓하다]

中 盟誓 (méng shì)·发誓 (fā shì)

例 举手对天盟誓。
손을 들고 하늘에 맹세하였다.

例 我发誓永远真心爱你。
너를 진심으로 사랑할 것을 맹세한다.

【분석】 중국어에서 '盟誓'는 '동맹을 맺을 때 서약이나 조약을 체결하다'의 의미로 사용되고, '发誓'는 '정중하고 엄숙하게 결심을 표하는 말을 하다'의 의미로 사용되며 '发誓'의 사용 빈도가 더 높음에 유의해야 한다.

158 - 한중 동형 동의어

韓 멸망하다 [滅亡하다]

中 灭亡 (miè wáng)

例 罗马帝国灭亡的原因很复杂。
로마제국이 멸망한 원인은 아주 복잡하다.

---

159 - 한중 동형 동의어

韓 멸시하다 [蔑視하다]

中 蔑视 (miè shì)·藐视 (miǎo shì)

例 如果蔑视伦理道德，最后只会自食其果。
만약 윤리도덕을 멸시하면 결국에는 자업자득할 것이다.

例 不仅自高自大而且还经常藐视他人。
잘난척할 뿐만 아니라 늘 타인을 멸시한다.

【분석】 중국어에서 '蔑视'와 '渺视'는 모두 '깔보다, 업신여기다, 경시하다, 멸시하다, 하찮게 여기다'의 의미와 용법을 가지고 있으며 서로 대용할 수 있다.

---

160 - 한중 동형 동의어

韓 명령하다 [命令하다]

中 命令 (mìng lìng)

例 命令大家迅速解散。
모두 신속히 해산할 것을 명령한다.

161 - 한중 동형 동의어

韓 명심하다 [銘心하다]

中 铭心 (míng xīn)

例 刻骨铭心, 永不遗忘。
뼈에 사무치게 명심하여 영원히 잊지 않다.

【분석】 한국 한자어 '銘心하다'는 '잊지 않도록 마음에 깊이 새겨 두다.'의 의미를 가지고 있으며 중국어에서 주로 '铭记' 또는 '记住'로 표현됨에 유의해야 한다. 이를테면 "선생님의 말씀을 명심하겠습니다."는 중국어로 "铭记(记住)老师的话。"로 표현한다.

---

162 - 한중 동형 동의어

韓 명하다 [命하다]

中 命 (mìng)

例 命他迅速返回公司。
회사로 신속히 복귀할 것을 명한다.

---

163 - 한중 동형 동의어

韓 모독하다 [冒瀆하다]

中 冒渎 (mào dú)

例 属下有眼无珠, 一时冒渎了贵客。
부하가 보는 눈이 없어서 잠깐 귀한 손님을 모독하였다.

164 - 한중 동형 동의어

韓 모방하다 [模倣하다]

中 模仿(mó fǎng)·效仿(xiào fǎng)·仿效(fǎng xiào)

例 因为孩子总爱模仿大人, 所以要多加小心。
아이들이 어른을 모방하기 좋아하기에 많이 조심해야 한다.

例 因为坚持效仿知名演员的演技, 所以这几年她的水平越来越高。
끊임없이 유명한 배우의 연기를 모방하였기에 근 몇 년 동안 그녀의 연기력 수준이 날로 높아졌다.

例 他的善行值得每个人仿效。
그의 선행은 모두가 모방하고 따라 할만한 가치가 있는 것이다.

---

165 - 한중 동형 동의어

韓 모집하다 [募集하다]

中 募集 (mù jí)

例 为了救助灾民各单位立即募集救济品及人力。
이재민을 구조하기 위하여 각 기관에서는 즉시 구호품과 인력을 모집한다.

166 - 한중 동형 동의어

韓 묘사하다 [描寫하다]

中 描写 (miáo xiě)

例 尤其擅长描写景物。
경물을 묘사하는 데에 특히 뛰어나다.

---

167 - 한중 동형 동의어

韓 무고하다 [誣告하다]

中 诬告 (wū gào)

例 诬告他人会被惩罚的。
타인을 무고하면 벌을 받게 된다.

---

168 - 한중 동형 동의어

韓 무시하다 [無視하다]

中 无视 (wú shì)

例 这是无视民众的行为。
이는 민중을 무시하는 행동이다.

169 - 한중 동형 동의어

韓 무장하다 [武裝하다]

中 武装 (wǔ zhuāng)

例 应该武装起来抵御侵略者。
무장하여 침략자들에게 대항해야 한다.

---

170 - 한중 동형 이의어

韓 묵념하다 [黙念하다]
  1) 묵묵히 생각에 잠기다.
  2) 말없이 마음속으로 빌다.(주로, 죽은 이가 평안히 잠들기를 기원하는 뜻으로 한다.)

中 黙念 (mò niàn)
  1) 동사: 黙读
      묵독하다, 소리를 내지 않고 읽거나 외우다.

例 黙念着碑文，心中突然悲伤起来。
비문을 소리 없이 읽으면서 마음이 갑자기 슬퍼지기 시작했다.

  2) 동사: 冥想
      묵상하다, 마음속으로 생각하다.

例 心里黙念着当年的情景。
마음속으로 그때의 상황을 묵상하였다.

【분석】 한국 한자어 '黙念하다'의 '말없이 마음속으로 빌다.' 용법은 중국어로 '祈祷'로 표현함에 유의해야 한다. 이를테면 "순국선열을 위하여 묵념한다."는 중국어에서 "为先烈祈祷。"로 표현한다.

171 - 한중 동형 동의어

🇰🇷 문안하다 [問安하다]

🇨🇳 问安 (wèn ān)

📝 每天早上都向奶奶问安。
매일 아침 할머니에게 문안드리다.

---

172 - 한중 동형 동의어

🇰🇷 박수하다 [拍手하다]

🇨🇳 拍手 (pāi shǒu)

📝 因为歌声实在是动听，大家都一起拍手叫绝。
노랫소리가 너무나 심금을 울려 모두가 박수하며 갈채를 보냈다.

---

173 - 한중 동형 동의어

🇰🇷 박탈하다 [剝奪하다]

🇨🇳 剥夺 (bō duó)

📝 剥夺所有继承权。
모든 상속 권리를 박탈한다.

174 - 한중 동형 동의어

🇰🇷 반대하다 [反對하다]

🇨🇳 反对 (fǎn duì)

📝 我不反对今天的决定。
나는 오늘의 결정을 반대하지 않는다.

---

175 - 한중 동형 동의어

🇰🇷 반문하다 [反問하다]

🇨🇳 反问 (fǎn wèn)

📝 反问自己是否公平对待他人。
자신에게 타인을 공평하게 대했는지 반문하였다.

---

176 - 한중 동형 동의어

🇰🇷 반복하다 [反復하다]

🇨🇳 反复 (fǎn fù)

📝 最好的方法是反复练习。
가장 좋은 방법은 반복하여 연습하는 것이다.

177 - 한중 동형 동의어

🇰🇷 반사하다 [反射하다]

🇨🇳 反射 (fǎn shè)

📝 天亮之后海上反射出万丈光芒。
날이 밝자 해면에서 눈이 부신 빛을 반사하였다.

---

178 - 한중 동형 동의어

🇰🇷 반성하다 [反省하다]

🇨🇳 反省 (fǎn xǐng)

📝 应该经常反省自己的所作所为。
자신의 모든 행동에 대해 늘 반성해야 한다.

---

179 - 한중 동형 동의어

🇰🇷 반영하다 [反映하다]

🇨🇳 反映 (fǎn yìng)

📝 作品主要反映了人和人之间的贫富差距。
작품에서는 주로 사람과 사람 사이의 빈부격차를 반영하였다.

180 - 한중 동형 동의어

韓 반응하다 [反應하다]

中 反应 (fǎn yìng)

例 事情太突然, 还没有反应过来。
너무 갑작스러운 일이기에 미처 반응하지 못했다.

---

181 - 한중 동형 이의어

韓 반출하다 [搬出하다]
운반하여 내다.

中 搬(出) (bān chū)
 1) 동사: 搬运
    운반하다, 옮기다.

例 搬运建筑材料。
건축 자재를 운반하다.

 2) 동사: 迁移, 搬家.
    이사하다, 옮겨 가다.

例 2) 把家搬到北京。
북경으로 이사하였다.

 3) 동사: 搬用, 套用.
    답습하여 사용하다.

例 依然是照搬照抄。
여전히 베낀 것이다.

【분석】 한국 한자어 '搬出하다'는 어휘이지만, 중국어에서 '搬出'은 '搬'과 '出'을 결합시킨 **動補構造**(동보구조)의 어구임에 유의해야 한다. 중국어에서 동사와 보어 '出'을 결합하여 '동사 + 出' 형식의 구조 형태가 종종 사용되고 있으나 이는 곧 '동사 + 出'을 하나의 어휘로 취급한다는 것을 의미하지는 않는다. 중국어에서 '搬'은 '운반하다, 옮기다.'의 의미를 나타내는 동사이고, '出'은 동사 '搬' 뒤에 붙어 동작의 방향을 제시하는 방향 보어의 역할을 한다. 즉 '搬 + 出'은 하나의 결합된 동보 구조이지만 개별 어휘로서의 자격을 갖지 않는다. 중국에서 출판된 사전에는 '搬出'이라는 표제어가 없는 데에 반해 『**中韓辭典**』을 비롯한 한국 다수의 중국어 사전에서는 '搬出'을 품사가 동사인 개별 어휘로 풀이하고 있으며, 중한사전 표제어 수록의 차이를 보인다.

---

182 - 한중 동형 동의어

韓 반포하다 [頒布하다]

中 颁布 (bān bù)·发布 (fā bù)

例 交通部门重新颁布了相关条例。
교통 관계 부문에서 관련 조례를 다시 반포하였다.

例 交通部门重新发布了相关条例。
교통 관계 부문에서 관련 조례를 다시 반포하였다.

183 - 한중 동형 동의어

韓 반항하다 [反抗하다]

中 反抗(fǎn kàng)·抗拒(kàng jù)

例 与世界各国联合起来反抗军事独裁。
세계 각국과 연합하여 군사독재에 반항하였다.

例 与世界各国联合起来抗拒军事独裁。
세계 각국과 연합하여 군사독재에 반항하였다.

---

184 - 한중 동형 동의어

韓 발굴하다 [發掘하다]

中 发掘 (fā jué)

例 发掘人才是公司人事部门的首要任务。
인재를 발굴하는 것은 회사 인사처의 가장 중요한 임무이다.

---

185 - 한중 동형 동의어

韓 발달하다 [發達하다]

中 发达 (fā dá)

例 希望我们国家越来越发达。
우리나라가 점점 더 발달하기를 바란다.

186 - 한중 동형 동의어

- 韓 발명하다 [發明하다]
- 中 发明 (fā míng)
- 例 终于发明了电动汽车。
  마침내 전기자동차를 발명하였다.

---

187 - 한중 동형 동의어

- 韓 발사하다 [發射하다]
- 中 发射 (fā shè)
- 例 向太空发射人造卫星。
  우주에 인공위성을 발사하였다.

---

188 - 한중 동형 동의어

- 韓 발생하다 [發生하다]
- 中 发生 (fā shēng)
- 例 因为不小心所以才发生了交通事故。
  조심하지 않아서 교통사고가 발생하였다.

189 - 한중 동형 동의어

韓 발언하다 [發言하다]

中 发言 (fā yán)

例 他首先发言并表态赞成。
그는 가장 먼저 발언하면서 찬성 의견을 표명하였다.

---

190 - 한중 동형 동의어

韓 발음하다 [發音하다]

中 发音 (fā yīn)

例 发音的时候要注意声调。
발음할 때에는 성조에 주의해야 한다.

---

191 - 한중 동형 동의어

韓 발전하다 [發展하다]

中 发展 (fā zhǎn)

例 我国的经济在不断发展。
우리나라의 경제가 지속적으로 발전하고 있다.

192 - 한중 동형 동의어

韓 발표하다 [發表하다]

中 发表 (fā biǎo)

例 在大会上发表重要讲话。
대회에서 중요한 연설을 발표하였다.

---

193 - 한중 동형 동의어

韓 발행하다 [發行하다]

中 发行 (fā xíng)

例 发行股票
주식을 발행하다

---

194 - 한중 동형 동의어

韓 발효하다 [醱酵하다]

中 发酵 (fā jiào)

例 米酒发酵之后有甜甜的味道。
막걸리는 발효한 후에 달콤한 맛이 난다.

195 - 한중 동형 동의어

🇰🇷 발휘하다 [發揮하다]

🇨🇳 发挥 (fā huī)

📝 在这次大会上希望能够充分发挥潜力。
이번 대회에서 잠재력을 충분히 발휘할 수 있기를 바란다.

---

196 - 한중 동형 동의어

🇰🇷 방문하다 [訪問하다]

🇨🇳 访问 (fǎng wèn)

📝 在访问之前先要约好时间。
방문하기 전에 미리 시간을 약속해야 한다.

---

197 - 한중 동형 동의어

🇰🇷 방어하다 [防禦하다]

🇨🇳 防御 (fáng yù)

📝 在足球比赛当中不应消极防御, 而要主动进攻。
축구 시합에서는 소극적으로 방어할 것이 아니라 적극적으로 공격해야 한다.

198 - 한중 동형 동의어

[韓] 방영하다 [放映하다]

[中] 放映 (fàng yìng)

[例] 电影院正在放映武打片。
영화관에서는 무술 영화를 방영하고 있다.

---

199 - 한중 동형 동의어

[韓] 방지하다 [防止하다]

[中] 防止 (fáng zhǐ)

[例] 冬季要特别注意防止火灾。
겨울철에는 특히 화재 방지하는 데에 주의해야 한다.

---

200 - 한중 동형 동의어

[韓] 방출하다 [放出하다]

[中] 放(出) (fàng chū)

[例] 通过化学反应，向外部放出热量。
화학 반응을 일으켜 외부로 에너지를 방출한다.

【분석】 한국 한자어에서 '放出하다'는 어휘이지만, 중국어에서 '放出'은 '放'과 '出'을 결합시킨 **動補構造**(동보구조)의 어구임에 유의해야 한다. 중국어에서 동사와 보어 '出'을 결합하여 '동사 + 出' 형식

의 구조 형태가 종종 사용되고 있으나 이는 곧 '동사 + 出'을 하나의 어휘로 취급한다는 것을 의미하지는 않는다. 중국어에서 '放'은 '내보내다, 방출하다'의 의미를 나타내는 동사이고, '出'은 동사 '放' 뒤에 붙어 동작의 방향을 제시하는 방향 보어의 역할을 한다. 즉 '放 + 出'은 하나의 결합된 동보 구조이지만 개별 어휘로서의 자격을 갖지 않는다. 중국에서 출판된 사전에는 '放出'이라는 표제어가 없는 데에 반해 『中韓辭典』을 비롯한 한국 다수의 중국어 사전에서는 '放出'을 품사가 동사인 개별 어휘로 풀이하고 있으며, 중한사전 표제어 수록의 차이를 보인다.

201 - 한중 동형 동의어

韓 방황하다 [彷徨하다]

中 彷徨 (páng huáng)

例 在人生的道路上彷徨。
인생의 길에서 방황하였다.

202 - 한중 동형 동의어

韓 배반하다 [背叛하다]

中 背叛 (bèi pàn)

例 你已经背叛了他们的信任。
너는 이미 그들의 신임을 배반했다.

203 - 한중 동형 동의어

韓 배설하다 [排泄하다]

中 排泄 (pái xiè)

例 手术之后多喝水排泄才会正常。
수술한 이후에 물을 많이 마셔야 정상적으로 배설할 수 있다.

---

204 - 한중 동형 동의어

韓 배신하다 [背信하다]

中 背信 (bèi xìn)

例 做人要有诚信，绝对不能成为背信弃义的人。
인간으로서 신의를 지켜야 하며, 절대로 배신하고 의리를 저버리는 사람이 되어서는 안 된다.

---

205 - 한중 동형 동의어

韓 배척하다 [排斥하다]

中 排斥 (pái chì)

例 对新生事物不能一味地排斥。
신문물에 대해서 단순 배척하기만 해서는 안 된다.

206 - 한중 동형 동의어

韓 번성하다 [繁盛하다]

中 繁盛 (fán shèng)·繁荣 (fán róng)

例 贸易的增加使国家经济更加繁盛。
무역의 증가는 국가의 경제를 더욱 번성하게 하였다.

例 贸易的增加使国家经济更加繁荣。
무역의 증가는 국가의 경제를 더욱 번성하게 하였다.

---

207 - 한중 동형 동의어

韓 번식하다 [繁殖하다]

中 繁殖 (fán zhí)

例 蜂王的繁殖能力非常强。
여왕벌의 번식하는 능력은 대단히 강하다.

---

208 - 한중 동형 동의어

韓 번역하다 [飜譯하다]

中 翻译 (fān yì)

例 可以用中文翻译。
중국어로 번역할 수 있다.

209 - 한중 동형 동의어

🇰🇷 번영하다 [繁榮하다]

🇨🇳 繁荣 (fán róng)·繁盛 (fán shèng)

📝 科学技术的发展使国家日趋繁荣。
과학 기술의 발전으로 인해 국가는 날로 번영하게 되었다.

📝 科学技术的发展使国家日趋繁盛。
과학 기술의 발전으로 인해 국가는 날로 번영하게 되었다.

---

210 - 한중 동형 동의어

🇰🇷 범람하다 [汜濫하다]

🇨🇳 泛滥 (fàn làn)

📝 每个夏季河水都会泛滥成灾。
매번 여름이면 강물이 범람하여 수재가 발생한다.

---

211 - 한중 동형 동의어

🇰🇷 범하다 [犯하다]

🇨🇳 犯 (fàn)

📝 不要轻易犯错误。
함부로 착오를 범하지 않아야 한다.

212 - 한중 동형 동의어

韓 변주하다 [變奏하다]

中 变奏 (biàn zòu)

例 这段音乐展示出了作曲家的变奏技巧。
이 부분의 음악이 작곡가가 변주하는 기교를 잘 보여주고 있다.

---

213 - 한중 동형 동의어

韓 변질하다 [變質하다]

中 变质 (biàn zhì)

例 保管茶叶的方法不当就会容易变质。
찻잎의 보관 방법이 옳지 않으면 변질하기 쉽다.

---

214 - 한중 동형 동의어

韓 변하다 [變하다]

中 变 (biàn)

例 现在的情况变了。
현재의 상황이 변했다.

215 - 한중 동형 동의어

[韓] 변화하다 [變化하다]

[中] 变化 (biàn huà)

[例] 液体突然变化为气体。
액체가 갑작스레 기체로 변화했다.

---

216 - 한중 동형 동의어

[韓] 보고하다 [報告하다]

[中] 报告 (bào gào)

[例] 向领导报告了目前的状况。
상사에게 현재 상황을 보고하였다.

---

217 - 한중 동형 동의어

[韓] 보관하다 [保管하다]

[中] 保管 (bǎo guǎn)

[例] 保管方法不当就会容易变质。
보관하는 방법이 옳지 않으면 변질하기 쉽다.

218 - 한중 동형 동의어

韓 보급하다 [普及하다]

中 普及 (pǔ jí)

例 普及科学技术知识。
과학 기술 지식을 보급한다.

---

219 - 한중 동형 동의어

韓 보답하다 [報答하다]

中 报答 (bào dá)

例 应该报答有恩于自己的恩人。
자신에게 은혜를 베푼 은인에게 보답해야 한다.

---

220 - 한중 동형 동의어

韓 보도하다 [報道하다]

中 报道 (bào dào)

例 报道最新赛场消息。
새로운 경기 소식을 보도하다.

221 - 한중 동형 동의어

🇰 보우하다 [保佑하다]

🇨 保佑 (bǎo yòu)

例 愿神灵保佑全家。
신이 온 가족을 보우해 주기를 소망한다.

---

222 - 한중 동형 동의어

🇰 보장하다 [保障하다]

🇨 保障 (bǎo zhàng)

例 法律保障每个人的合法权利。
법률은 모든 사람의 합법적인 권리를 보장한다.

---

223 - 한중 동형 동의어

🇰 보전하다 [保全하다]

🇨 保全 (bǎo quán)

例 保全性命和名誉。
생명과 명예를 보전하다.

224 - 한중 동형 동의어

[韓] 보존하다 [保存하다]

[中] 保存 (bǎo cún)

[例] 文物得好好地保存起来。
문화재는 잘 보존해야 한다.

---

225 - 한중 동형 동의어

[韓] 보충하다 [補充하다]

[中] 补充 (bǔ chōng)

[例] 为了身体应该多补充营养。
건강을 위하여 영양을 많이 보충해야 한다.

---

226 - 한중 동형 동의어

[韓] 보호하다 [保護하다]

[中] 保护 (bǎo hù)

[例] 应该保护环境, 保护大自然。
환경을 보호하고, 대자연을 보호해야 한다.

227 - 한중 동형 동의어

韓 복습하다 [復習하다]

中 复习 (fù xí)

例 不懂的地方应该多复习一下。
모르는 곳은 더 많이 복습해야 한다.

---

228 - 한중 동형 동의어

韓 복종하다 [服從하다]

中 服从 (fú cóng)

例 在军中必须服从上级的命令。
군대에서는 반드시 상급의 명령에 복종해야 한다.

---

229 - 한중 동형 동의어

韓 부담하다 [負擔하다]

中 负担 (fù dān)

例 一个人可负担不起沈重的家务。
혼자서는 막중한 가사노동을 모두 부담하기 어렵다.

230 - 한중 동형 동의어

🇰🇷 부상하다 [負傷하다]

🇨🇳 负伤 (fù shāng)・受伤 (shòu shāng)

📝 负伤的消防队员不顾生命危险奋力救火。
부상한 소방관은 죽음을 무릅쓰고 화재를 진압하였다.

📝 受伤的消防队员不顾生命危险奋力救火。
부상한 소방관은 죽음을 무릅쓰고 화재를 진압하였다.

---

231 - 한중 동형 동의어

🇰🇷 부인하다 [否認하다]

🇨🇳 否认 (fǒu rèn)

📝 任何人都不能否认基础教育的重要性。
어떠한 사람도 기초교육의 중요성을 부인할 수 없다.

---

232 - 한중 동형 동의어

🇰🇷 부정하다 [否定하다]

🇨🇳 否定 (fǒu dìng)

📝 否定现实也是一种逃避。
현실을 부정하는 것도 일종의 도피이다.

233 - 한중 동형 동의어

韓 부화하다 [孵化하다]

中 孵化 (fū huà)

例 从鸡蛋里孵化出一只小鸡。
계란에서 병아리 한 마리가 부화했다.

---

234 - 한중 동형 동의어

韓 부활하다 [復活하다]

中 复活 (fù huó)

例 要全力制止法西斯主义复活。
파시즘이 부활하는 것을 전력으로 제지해야 한다.

---

235 - 한중 동형 동의어

韓 분노하다 [憤怒하다]

中 愤怒 (fèn nù)

例 从没见过他如此愤怒。
그가 이토록 분노하는 것을 본 적이 없다.

236 - 한중 동형 동의어

[韓] 분담하다 [分擔하다]

[中] 分担 (fēn dān)

[例] 分担责任减轻负担。
책임을 분담하여 부담을 줄인다.

---

237 - 한중 동형 동의어

[韓] 분류하다 [分類하다]

[中] 分类 (fēn lèi)

[例] 书籍应该按年代进行分类。
서적은 연대에 따라 분류해야 한다.

---

238 - 한중 동형 동의어

[韓] 분리하다 [分離하다]

[中] 分离 (fēn lí)

[例] 滤网可以将液体中的杂质分离出来。
거름망으로 액체 중의 찌꺼기를 분리해 낼 수 있다.

239 - 한중 동형 이의어

韓 분별하다 [分別하다]

1) 서로 다른 일이나 사물을 구별하여 가르다.
2) 세상 물정에 대한 바른 생각이나 판단을 하다.
3) 어떤 일에 대하여 배려하여 마련하다.
4) 두 가지 이상의 물질이 섞여 있는 혼합물을 물리적·화학적 성질의 차이를 이용하여 차례차례 단계적으로 분리하다.

中 分别 (fēn bié)

1) 동사: 离别
   이별하다.

例 这次分别, 不知什么时候再能见面。
이번에 헤어지면 언제 다시 만날지 모른다.

2) 辨别, 区分.
   분별하다.

例 分别善恶。
선과 악을 구별하다.

3) 부사: 分别(有区别地)
   달리

例 对有功劳者应该分别对待。
공로가 있는 사람은 달리 대해야 한다.

4) 부사: 各自
　　각자

例 开完会分别去做宣传工作。
　 회의를 마치고 각자 홍보하러 간다.

5) 명사: 不同, 差别.
　　다름, 차이.

例 两件衣服材质有所分别。
　 두 옷은 재질에 차이가 있다.

【분석】 중국어의 '分别'에 동사 '离别(이별하다)'와 부사 '分别(달리), 各自(각자)'의 용법이 있음에 유의해야 한다.

---

240 - 한중 동형 동의어

韓 분산하다 [分散하다]

中 分散 (fēn sàn)

例 上课时手机容易分散学生们的注意力。
　 수업할 때 핸드폰은 학생들의 주의력을 쉽게 분산한다.

241 - 한중 동형 동의어

韓 분쇄하다 [粉碎하다]

中 粉碎 (fěn suì)

例 将珍珠放入粉碎机粉碎之后再研磨成细粉就成了美白护肤的珍珠粉。
진주를 분쇄기에 넣어 분쇄한 후 다시 갈아서 고운 가루로 만들면 피부 미백에 좋은 진주 가루가 된다.

---

242 - 한중 동형 동의어

韓 분열하다 [分裂하다]

中 分裂 (fēn liè)

例 细胞分裂的方式很特别。
세포가 분열하는 방식이 아주 특이하다.

---

243 - 한중 동형 동의어

韓 분장하다 [扮裝하다]

中 扮装 (bàn zhuāng)

例 扮装成圣诞老人拜访每个家庭。
산타할아버지로 분장해 각 가정을 방문하였다.

【분석】 중국어에서 '扮装'과 '装扮'은 모두 '분장하다, 가장하다'의 의미와 용법을 가지고 있으며 서로 대응할 수 있다.

244 - 한중 동형 동의어

[韓] 분투하다 [奮鬪하다]

[中] 奋斗 (fèn dòu)

[例] 为实现远大的理想而奋斗。
원대한 꿈을 이루기 위해 분투한다.

---

245 - 한중 동형 동의어

[韓] 분포하다 [分布하다]

[中] 分布 (fēn bù)

[例] 这种植物分布在我国西南地区。
이 식물은 우리나라 서남 지역에 분포해 있다.

---

246 - 한중 동형 이의어

[韓] 분해하다 [分解하다]
  1) 여러 부분이 결합되어 이루어진 것을 그 낱낱으로 나누다.
  2) 하나의 벡터(vector)를 둘 이상의 벡터로 나누다.
  3) 한 종류의 화합물이 두 가지 이상의 간단한 화합물로 변화하다.

中 分解 (fēn jiě)

1) 동사: 分解
   분해하다.

例 分解因数。
   인수를 분해하다.

2) 동사: 分解
   화학적으로 분해하다.

例 分解微生物。
   미생물을 분해하다.

3) 동사: 排解, 调解.
   분쟁을 해결하다, 화해시키다.

例 让老师替他们分解。
   선생님이 그들을 대신해서 해결하도록 한다.

4) 동사: 分解, 瓦解.
   분열하다, 와해시키다.

例 分解敌人内部。
   적들의 내부를 와해시키다.

5) 동사: 分辨, 解释.
   해명하다, 설명하다.

例 没听小孩子分解。
   어린애가 해명하는 것을 듣지 않았다.

6) 동사: 分解(章回小说 용어)
해설하다.

例 听下回分解。
다음번의 해설을 청취하다.

---

247 - 한중 동형 동의어

韓 분화하다 [分化하다]

中 分化 (fēn huà)

例 一个原子再分化为几个原子。
하나의 원자가 다시 여러 개의 원자로 분화한다.

---

248 - 한중 동형 동의어

韓 불변하다 [不變하다]

中 不变 (bú biàn)

例 一切都不是固定不变的。
모두 고정불변하는 것이 아니다.

249 - 한중 동형 동의어

韓 비교하다 [比較하다]

中 比较 (bǐ jiào)

例 比较两种语言。
두 언어를 비교하다.

---

250 - 한중 동형 동의어

韓 비례하다 [比例하다]

中 比例 (bǐ lì)

例 股东的权利与他持有的股份多少成比例。
주주의 권리는 소유하고 있는 주식의 수에 비례한다.

【분석】 중국어에서 '比例'는 주로 명사로 쓰이며, '비례하다'로 쓸 경우에는 '成比例'로 표현함에 유의해야 한다.

---

251 - 한중 동형 동의어

韓 비유하다 [比喩하다]

中 比喻 (bǐ yù)

例 这个成语比喻时间过的飞快。
이 성어는 시간이 빠르게 흘러감을 비유하고 있다.

252 - 한중 동형 동의어

韓 비치하다 [備置하다]

中 备置 (bèi zhì)

例 电算中心新备置了500台电脑。
전산소에서는 500대의 컴퓨터를 새롭게 비치하였다.

【분석】 중국어의 '备置'는 『現代漢語詞典』에 등록된 표제어가 아니다. 중국 당대 문학작품 등에서 사용되고 있으나 비 상용 어휘임에 유의하여야 한다.

---

253 - 한중 동형 동의어

韓 비하다 [比하다]

中 比 (bǐ)

例 这个学期他的成绩比我好。
이번 학기 그의 성적은 나에 비해 좋았다.

---

254 - 한중 동형 동의어

韓 비행하다 [飛行하다]

中 飞行 (fēi xíng)

例 在一万米以上的天空飞行。
1만 미터 이상의 상공에서 비행하고 있다.

255 - 한중 동형 동의어

[韓] 사살하다 [射殺하다]

[中] 射杀 (shè shā)

[例] 射杀国家保护动物是违法的行为。
국가 보호 동물을 사살하는 것은 위법 행위이다.

---

256 - 한중 동형 부분 이의어

[韓] 사수하다 [死守하다]
죽음을 무릅쓰고 지키다.

[中] 死守 (sǐ shǒu)

1) 동사: 死守
   사수하다.

[例] 死守阵地。
죽음을 무릅쓰고 진지를 사수하다.

2) 동사: 固执遵守, 不知变通.
   고집스럽게 변통을 모르고 지키다.

[例] 死守陈规, 不思进取。
융통성 없이 고집스럽게 오래된 규칙만 지키고 현실에 안주하다.

257 - 한중 동형 동의어

[韓] 사양하다 [辭讓하다]

[中] 辞让 (cí ràng)·推让 (tuī ràng)

[例] 辞让一番才坐在前排嘉宾席。
한바탕 사양하고 나서야 앞줄의 귀빈석에 앉았다.

[例] 这是应该的, 你不必推让。
이것은 당연한 일이니 사양할 필요가 없다.

【분석】 중국어에서 '辞让'과 '推让'은 의미, 품사 및 용법이 모두 동일하다. 그러나 '辞让'은 고어투의 어휘이며 '推让'의 사용 빈도가 더 높음에 유의해야 한다.

---

258 - 한중 동형 동의어

[韓] 사용하다 [使用하다]

[中] 使用 (shǐ yòng)

[例] 使用这种工具会更方便。
이러한 공구를 사용하면 더욱 편할 것이다.

259 - 한중 동형 동의어

🇰🇷 사죄하다 [謝罪하다]

🇨🇳 谢罪 (xiè zuì)

📝 代表全家深深地向你谢罪。
집안을 대표해 너에게 깊이 사죄한다.

---

260 - 한중 동형 동의어

🇰🇷 살생하다 [殺生하다]

🇨🇳 杀生 (shā shēng)

📝 他们全都皈依了佛教，并且再也不杀生吃肉了。
그들은 모두 불교에 귀의하여 더 이상 살생을 하거나 고기를 먹지 않는다.

---

261 - 한중 동형 동의어

🇰🇷 살해하다 [殺害하다]

🇨🇳 杀害 (shā hài)

📝 她否认杀害了她所照管的4个孩子。
그녀는 자신이 돌보던 4명의 아이들을 살해하였다는 것을 부인했다.

262 - 한중 동형 동의어

韓 상당하다 [相當하다]

中 相当 (xiāng dāng)

例 每天相当于两大汤匙的量就足够了。
매일 큰 스푼 2개에 상당하는 양이면 충분하다.

---

263 - 한중 동형 동의어

韓 상대하다 [相對하다]

中 相对 (xiāng duì)

例 真诚相对。
진실하게 상대하다.

【분석】 중국어 '相对'는 동사 용법 이외에도 형용사 '상대적이다'와 부사 '비교적'의 용법이 있음에 유의해야 한다.

---

264 - 한중 동형 동의어

韓 상상하다 [想像하다]

中 想像 (xiǎng xiàng)

例 她比我原来想像的要坚强得多。
그녀는 내가 상상했던 것보다 훨씬 굳세다.

265 - 한중 동형 동의어

韓 상연하다 [上演하다]

中 上演 (shàng yǎn)

例 那部上演的戏备受好评。
그 상연한 연극은 호평을 한껏 받았다.

---

266 - 한중 동형 동의어

韓 상영하다 [上映하다]

中 上映 (shàng yìng)

例 他们打算把那部影片再继续上映一周，上座率非常好。
그들은 그 영화를 1주일 더 계속 상영할 예정인데 좌석점유율이 매우 좋다.

---

267 - 한중 동형 동의어

韓 상의하다 [商議하다]

中 商议 (shāng yì)

例 两国不得不与盟国商议。
양국은 동맹국과 상의하지 않을 수 없었다.

268 - 한중 동형 동의어

🇰🇷 상징하다 [象徵하다]

🇨🇳 象征 (xiàng zhēng)

📝 用魔鬼象征罪恶是中世纪绘画的特色。
마귀로 죄악을 상징하는 것은 중세기 회화의 특색이다.

---

269 - 한중 동형 동의어

🇰🇷 상하다 [傷하다]

🇨🇳 伤 (shāng)

📝 他从马背上摔下来时伤到了肋骨。
그는 말에서 떨어졌을 때 갈비뼈를 상했다.

---

270 - 한중 동형 동의어

🇰🇷 생략하다 [省略하다]

🇨🇳 省略 (shěng lüè)

📝 在这种情况下这个动词可以省略。
이러한 경우에 이 동사는 생략할 수 있다.

271 - 한중 동형 동의어

韓 생활하다 [生活하다]

中 生活 (shēng huó)

例 我非常同情生活在那些地方的人们。
나는 그런 곳에서 생활하는 사람들을 매우 동정한다.

---

272 - 한중 동형 동의어

韓 석방하다 [釋放하다]

中 释放 (shì fàng)

例 释放人质。
인질을 석방하다.

---

273 - 한중 동형 동의어

韓 선고하다 [宣告하다]

中 宣告 (xuān gào)

例 法院宣告他对该事故不负任何责任。
법원은 그가 해당 사고에 대해 어떠한 책임도 지지 않는다고 선고했다.

274 - 한중 동형 동의어

[韓] 선언하다 [宣言하다]

[中] 宣言 (xuān yán)

[例] 教皇以宗座权威正式宣言。
교황은 가톨릭 교황의 권한으로 정식으로 선언하였다.

---

275 - 한중 동형 동의어

[韓] 선전하다 [宣傳하다]

[中] 宣传 (xuān chuán)

[例] 很多农场正赶潮流宣传有机食品。
많은 농장들이 대세를 따라 유기농 식품을 선전하고 있다.

---

276 - 한중 동형 동의어

[韓] 선정하다 [選定하다]

[中] 选定 (xuǎn dìng)

[例] 总统选定的继承人是他的儿子。
대통령이 선정한 계승자는 그의 아들이다.

277 - 한중 동형 동의어

🇰🇷 선택하다 [選擇하다]

🇨🇳 选择 (xuǎn zé)

📝 她选择的唇膏很适合她的肤色。
그녀가 선택한 립스틱은 그녀의 피부색과 잘 맞는다.

---

278 - 한중 동형 동의어

🇰🇷 선포하다 [宣布하다]

🇨🇳 宣布 (xuān bù)

📝 今天他将正式宣布参加总统竞选。
오늘 그는 대통령 경선에 참가할 것임을 정식으로 선포할 예정이다.

---

279 - 한중 동형 동의어

🇰🇷 설계하다 [設計하다]

🇨🇳 设计 (shè jì)

📝 这座整修过的机场就是他设计的。
이 개조된 공항은 그가 설계했다.

280 - 한중 동형 동의어

🇰🇷 설립하다 [設立하다]

🇨🇳 设立 (shè lì)

📝 我们在和一些人讨论在伦敦设立办事处的事儿。
우리는 런던에 사무실을 설립하는 일을 몇몇 사람들과 토론하고 있다.

---

281 - 한중 동형 동의어

🇰🇷 설명하다 [說明하다]

🇨🇳 说明 (shuō míng)

📝 举浅显的例子来说明。
쉬운 예를 들어 설명하다.

---

282 - 한중 동형 동의어

🇰🇷 설치하다 [設置하다]

🇨🇳 设置 (shè zhì)

📝 警察设置了路障以检查过往车辆。
경찰은 노상 장애물을 설치하여 지나가는 차량을 검사했다.

283 - 한중 동형 동의어

[韓] 섬멸하다 [殲滅하다]

[中] 歼灭 (jiān miè)

[例] 在以后的三个月中, 我们歼灭了大约二十五个旅。
다음 3개월 동안 우리는 약 25개 여단을 섬멸했다.

---

284 - 한중 동형 동의어

[韓] 섭취하다 [攝取하다]

[中] 摄取 (shè qǔ)

[例] 摄取均衡的营养。
균형있는 영양을 섭취하다.

---

285 - 한중 동형 동의어

[韓] 성공하다 [成功하다]

[中] 成功 (chéng gōng)

[例] 凡事只要努力不懈, 最后一定会成功。
매사에 노력하고 게을리하지 않으면 결국 반드시 성공한다.

286 - 한중 동형 동의어

[韓] 성립하다 [成立하다]

[中] 成立 (chéng lì)

[例] 这样的假设可以成立。
이러한 가설은 성립할 수 있다.

---

287 - 한중 동형 동의어

[韓] 성장하다 [成長하다]

[中] 成长 (chéng zhǎng)

[例] 他在父母的呵护下茁壮成长。
그는 부모님의 보호 아래 건강하게 성장했다.

---

288 - 한중 동형 동의어

[韓] 성취하다 [成就하다]

[中] 成就 (chéng jiù)

[例] 成就一番伟业。
위대한 업적을 성취하다.

289 - 한중 동형 동의어

韓 성행하다 [盛行하다]

中 盛行 (shèng xíng)

例 素食主义在英国越来越盛行。
채식주의가 영국에서 갈수록 성행하고 있다.

---

290 - 한중 동형 동의어

韓 소독하다 [消毒하다]

中 消毒 (xiāo dú)

例 病人使用过的东西必须彻底消毒。
환자가 사용한 물건은 반드시 철저히 소독해야 한다.

---

291 - 한중 동형 동의어

韓 소모하다 [消耗하다]

中 消耗 (xiāo hào)

例 消耗体力。
체력을 소모하다.

292 - 한중 동형 동의어

韓 소비하다 [消費하다]

中 消费 (xiāo fèi)

例 该国的大学生每年在酒精饮品上消费掉42亿美元。
그 나라 대학생들은 매년 주류품에 42억 달러를 소비한다.

---

293 - 한중 동형 동의어

韓 소생하다 [蘇生하다]

中 苏生 (sū shēng)

例 万物苏生的春季。
만물이 소생하는 봄철.

---

294 - 한중 동형 동의어

韓 소유하다 [所有하다]

中 所有 (suǒ yǒu)

例 这些都归你所有。
이것들은 모두 당신이 소유하는 것이다.

295 - 한중 동형 동의어

🇰🇷 소탕하다 [掃蕩하다]

🇨🇳 扫荡 (sǎo dàng)

📝 警方决定大力扫荡非法行业。
경찰은 불법 업종을 강력하게 소탕하기로 했다.

---

296 - 한중 동형 동의어

🇰🇷 소화하다 [消化하다]

🇨🇳 消化 (xiāo huà)

📝 一下子要小孩学这么多, 他们能消化吗?
한 번에 아이들에게 이렇게 많이 배우게 하면 그들이 소화할 수 있을까?

---

297 - 한중 동형 동의어

🇰🇷 속하다 [屬하다]

🇨🇳 属 (shǔ)

📝 这部作品中描述的人物和事件均属虚构。
이 작품에서 묘사한 인물과 사건은 모두 허구에 속한다.

298 - 한중 동형 동의어

㉠ 수도하다 [修道하다]

㊥ 修道 (xiū dào)

㉣ 修道的人要切实遵守戒律。
수도하는 사람은 계율을 엄격히 지켜야 한다.

---

299 - 한중 동형 동의어

㉠ 수리하다 [修理하다]

㊥ 修理 (xiū lǐ)

㉣ 换了几样零件, 把电视机修理好了。
부품 몇 개 교체해서 TV를 수리했다.

---

300 - 한중 동형 동의어

㉠ 수립하다 [樹立하다]

㊥ 树立 (shù lì)

㉣ 树立自己独具一格的视角。
자신만의 독보적인 관점을 수립하다.

301 - 한중 동형 동의어

🇰🇷 수복하다 [收復하다]

🇨🇳 收复 (shōu fù)

📝 收复国土。
영토를 수복하다.

---

302 - 한중 동형 동의어

🇰🇷 수비하다 [守備하다]

🇨🇳 守备 (shǒu bèi)

📝 我方球队守备严谨, 让对方一直无法得分。
우리 팀은 철저하게 수비해서 상대 팀이 계속 득점하지 못하게 했다.

---

303 - 한중 동형 동의어

🇰🇷 수색하다 [搜索하다]

🇨🇳 搜索 (sōu suǒ)

📝 两名士兵立即开始搜索该建筑物。
두 명의 군인이 즉시 해당 건물을 수색하기 시작했다.

304 - 한중 동형 동의어

🇰🇷 수송하다 [輸送하다]

🇨🇳 输送 (shū sòng)

📝 昨天他们用管道输送石油。
어제 그들은 파이프라인으로 석유를 수송했다.

---

305 - 한중 동형 동의어

🇰🇷 수습하다 [收拾하다]

🇨🇳 收拾 (shōu shi)

📝 我们目睹了一家人正在收拾家当准备离开的凄惨景象。
우리는 짐을 수습해서 떠날 준비를 하는 한 가족의 비참한 광경을 목격했다.

---

306 - 한중 동형 동의어

🇰🇷 수입하다 [輸入하다]

🇨🇳 输入 (shū rù)

📝 在谷物短缺时输入小麦。
곡물이 부족할 때는 밀을 수입한다.

【분석】 중국어에서 '输入'은 '과학 지식이나 학술을 도입하다, 에너지 혹은 기호를 한 곳에서 다른 곳으로 옮기다.'의 용법으로도 사용됨에 유의해야 한다. 아울러 "물품 등을 수입하다."의 용법에서 '进口'를 상용하는데 이를테면 "기계설비를 수입하다."는 "进口机器设备。"로 표현한다.

---

307 - 한중 동형 동의어

韓 수정하다 [修正하다]

中 修正 (xiū zhèng)

例 我想修正一下最后一句话。
나는 마지막 말 한마디를 수정하려 한다.

---

308 - 한중 동형 동의어

韓 수집하다 [收集하다]

中 收集 (shōu jí)

例 收集许多资料。
많은 자료를 수집하다.

309 - 한중 동형 동의어

韓 수출하다 [輸出하다]

中 输出 (shū chū)·出口 (chū kǒu)

例 中国对亚洲诸国输出大量的农产品。
중국은 아시아 각국에 다량의 농산물을 수출한다.

【분석】 중국어에서 '输出'은 '과학 지식이나 학술을 밖으로 보내다, 에너지 혹은 기호를 한 곳에서 다른 곳으로 옮기다.'의 용법으로도 사용됨에 유의해야 한다. 아울러 '물품 등을 수출하다.'의 용법에서 '出口'를 상용하는데 이를테면 "기계설비를 수출하다."는 "出口机器设备"로 표현한다.

---

310 - 한중 동형 동의어

韓 수행하다 [隨行하다]

中 随行 (suí xíng)

例 他有12名警官随行。
그는 12명의 경찰이 수행하고 있다.

---

311 - 한중 동형 동의어

韓 수호하다 [守護하다]

中 守护 (shǒu hù)

例 前线的将士们日夜守护着边界。
최전선의 장병들이 밤낮으로 국경을 수호하고 있다.

312 - 한중 동형 동의어

🇰🇷 수확하다 [收穫하다]

🇨🇳 收获 (shōu huò)

📝 收获各自的劳动成果。
각자의 노동 성과를 수확하다.

---

313 - 한중 동형 동의어

🇰🇷 순국하다 [殉國하다]

🇨🇳 殉国 (xùn guó)

📝 他最后壮烈殉国。
그는 최후에 장렬히 순국했다.

---

314 - 한중 동형 동의어

🇰🇷 순시하다 [巡視하다]

🇨🇳 巡视 (xún shì)

📝 总统巡视地方城市。
대통령이 지방 도시를 순시하였다.

315 - 한중 동형 동의어

[韓] 순찰하다 [巡察하다]

[中] 巡察 (xún chá)

[例] 老板即将到各分公司巡察业务。
사장은 머지않아 각 지사에 가서 업무를 순찰할 예정이다.

---

316 - 한중 동형 동의어

[韓] 순회하다 [巡廻하다]

[中] 巡回 (xún huí)

[例] 守夜者每小时巡回一次。
야간경비원은 매시간 한 번 순회한다.

---

317 - 한중 동형 동의어

[韓] 숭배하다 [崇拜하다]

[中] 崇拜 (chóng bài)

[例] 崇拜祖先的风俗在这些人中是普遍的。
조상을 숭배하는 풍속은 이 사람들에게는 보편적인 것이다.

318 - 한중 동형 동의어

- 韓 숭상하다 [崇尙하다]
- 中 崇尚 (chóng shàng)
- 例 崇尚礼法。
  예법을 숭상하다.

---

319 - 한중 동형 동의어

- 韓 승낙하다 [承諾하다]
- 中 承诺 (chéng nuò)
- 例 首相承诺将发挥积极的作用。
  수상은 적극적인 역할을 발휘할 것임을 승낙했다.

---

320 - 한중 동형 동의어

- 韓 승인하다 [承認하다]
- 中 承认 (chéng rèn)
- 例 法院承认该慈善机构有理由提起诉讼。
  법원은 해당 자선단체가 소송을 제기할 이유가 있음을 승인했다.

321 - 한중 동형 동의어

🇰🇷 시위하다 [示威하다]

🇨🇳 示威 (shì wēi)

📝 我方排出最坚强的阵容向对方示威。
우리 팀은 가장 견고한 라인업을 펼쳐 상대팀에게 시위하였다.

---

322 - 한중 동형 동의어

🇰🇷 시험하다 [試驗하다]

🇨🇳 试验 (shì yàn)

📝 试验新功能。
새로운 기능을 시험하다.

---

323 - 한중 동형 동의어

🇰🇷 식별하다 [識別하다]

🇨🇳 识别 (shí bié)

📝 他的口音难以识别。
그의 억양은 식별하기 어렵다.

324 - 한중 동형 동의어

韓 신뢰하다 [信賴하다]

中 信赖 (xìn lài)

例 我信赖他的友情。
나는 그의 우정을 신뢰한다.

---

325 - 한중 동형 동의어

韓 신음하다 [呻吟하다]

中 呻吟 (shēn yín)

例 躺在病床上呻吟个不停。
병상에 누워 끊임없이 신음하다.

---

326 - 한중 동형 동의어

韓 실망하다 [失望하다]

中 失望 (shī wàng)

例 郊游计划因下雨而取消，让他好生失望。
나들이 계획이 비로 인해 취소되어 그를 매우 실망하게 했다.

327 - 한중 동형 동의어

🇰🇷 실수하다 [失手하다]

🇨🇳 失手 (shī shǒu)

📝 她失手将花瓶摔得粉碎。
그녀는 실수해서 꽃병을 산산조각 냈다.

【분석】 중국어에서 '失手'는 주로 동사로 쓰인다. '실수를 범하다'에서의 '실수'는 주로 '失误'를 사용함에 유의해야 한다.

---

328 - 한중 동형 동의어

🇰🇷 실시하다 [實施하다]

🇨🇳 实施 (shí shī)

📝 政府所实施的各项政策，均须以民意为依归。
정부가 실시하는 각종 정책은 모두 민의에 귀결해야 한다.

---

329 - 한중 동형 동의어

🇰🇷 실천하다 [實踐하다]

🇨🇳 实践 (shí jiàn)

📝 自己认为是对的，就应该在生活中去实践。
스스로 옳다고 생각하는 것은 생활에서 실천해야 한다.

330 - 한중 동형 동의어

[韓] 실패하다 [失敗하다]

[中] 失败 (shī bài)

[例] 加强法规的尝试失败了。
규제 강화 시도는 실패했다.

---

331 - 한중 동형 동의어

[韓] 실행하다 [實行하다]

[中] 实行 (shí xíng)

[例] 政府实行的各项政策很受大家的欢迎。
정부에서 실행한 여러 정책은 모두의 환영을 받았다.

---

332 - 한중 동형 동의어

[韓] 실현하다 [實現하다]

[中] 实现 (shí xiàn)

[例] 实现多年的愿望。
오랜 바람을 실현하다.

333 - 한중 동형 동의어

韓 심문하다 [審問하다]

中 审问 (shěn wèn)

例 他很清楚审问他的人想听到些什么。
그는 그를 심문하는 사람이 무엇을 듣고 싶어 하는지 잘 알고 있다.

---

334 - 한중 동형 동의어

韓 심의하다 [審議하다]

中 审议 (shěn yì)

例 该法案已提交国会审议。
해당 법안은 이미 국회에서 심의하도록 회부되었다.

---

335 - 한중 동형 동의어

韓 심판하다 [審判하다]

中 审判 (shěn pàn)

例 犯罪的人须送交司法审判，不可私下报复。
범죄자는 반드시 사법부에 넘겨 심판해야지, 개인적으로 보복해서는 안 된다.

336 - 한중 동형 동의어

[韓] 안심하다 [安心하다]

[中] 安心 (ān xīn)

[例] 他伸手去握紧她的手, 让她安心。

그는 손을 뻗어 그녀의 손을 꼭 잡아 그녀가 안심하게 했다.

【분석】 중국어에서 '安心'은 '1) 안심하다, 마음 놓다.'의 의미 외에도 '2) 전념하다, 몰두하다, 3) 진심으로, 성심성의로, 진정으로(부사), 4) 고의로, 일부러(부사), 5) 불교에서 마음을 흔들리지 않게 하고 마음의 귀추를 정하는 일' 등 의미와 용법이 있음에 유의해야 한다.

---

337 - 한중 동형 동의어

[韓] 안정하다 [安定하다]

[中] 安定 (ān dìng)

[例] 局势安定了下来。

정세가 안정되었다.

---

338 - 한중 동형 동의어

[韓] 암시하다 [暗示하다]

[中] 暗示 (àn shì)

[例] 如果女朋友看手表, 就是暗示你应该告辞了。

만약 여자 친구가 손목시계를 본다면 네가 작별을 고해야 함을 암시하는 것이다.

339 - 한중 동형 동의어

🇰🇷 압도하다 [壓倒하다]

🇨🇳 压倒 (yā dǎo)

📖 一种强烈的情感压倒了他。
강렬한 감정이 그를 압도하였다.

---

340 - 한중 동형 동의어

🇰🇷 애호하다 [愛好하다]

🇨🇳 爱好 (ài hào)

📖 她爱好音乐，尤其是古典音乐。
그녀는 음악 그중에서도 고전 음악을 애호한다.

---

341 - 한중 동형 동의어

🇰🇷 약진하다 [躍進하다]

🇨🇳 跃进 (yuè jìn)

📖 既然目标已定，我们就可以朝此目标跃进。
목표가 이미 정해졌으니 우리는 이 목표를 향해 약진할 수 있다.

342 - 한중 동형 동의어

韓 양보하다 [讓步하다]

中 让步 (ràng bù)

例 谁也不肯让步。
누구도 양보하려 하지 않는다.

---

343 - 한중 동형 동의어

韓 양성하다 [養成하다]

中 养成 (yǎng chéng)

例 养成良好习惯。
좋은 습관을 양성하다.

---

344 - 한중 동형 동의어

韓 양식하다 [養殖하다]

中 养殖 (yǎng zhí)

例 东南沿海有许多鱼场养殖鲑鱼。
남동부 해안에는 연어를 양식하는 어장이 많이 있다.

345 - 한중 동형 동의어

韓 억제하다 [抑制하다]

中 抑制 (yì zhì)

例 政府提高利率来抑制物价上涨。
정부는 이자율을 높여 물가 상승을 억제하였다.

---

346 - 한중 동형 동의어

韓 엄금하다 [嚴禁하다]

中 严禁 (yán jìn)

例 严禁逼供。
자백을 강요하는 것을 엄금한다.

---

347 - 한중 동형 동의어

韓 엄습하다 [掩襲하다]

中 掩袭 (yǎn xí)

例 乘不备黑夜掩袭敌军。
준비하지 않은 틈을 타서 야밤에 적군을 엄습한다.

348 - 한중 동형 동의어

韓 연결하다 [連結하다]

中 连结 (lián jié)

例 他把两节货车连结到一起。
그는 두 트럭을 하나로 연결하였다.

---

349 - 한중 동형 동의어

韓 연구하다 [研究하다]

中 研究 (yán jiū)

例 老师要同学们种植绿豆，以研究它的生长过程。
선생님은 학생들에게 녹두를 심고 그 성장 과정을 연구하라고 하셨다.

---

350 - 한중 동형 동의어

韓 연락하다 [連絡하다]

中 连络 (lián luò)

例 今年的同学会，由我负责连络同学出席。
올해 동창회는 내가 동창들이 참석하도록 연락하는 책임을 맡았다.

351 - 한중 동형 동의어

韓 연상하다 [聯想하다]

中 联想 (lián xiǎng)

例 每当看到这张毕业照, 总令人联想起昔日在校的欢乐时光。
이 졸업 사진을 볼 때마다 늘 옛날 학교에서의 즐거웠던 시절을 연상하게 한다.

---

352 - 한중 동형 동의어

韓 연습하다 [練習하다]

中 练习 (liàn xí)

例 学习外文需要不断练习, 才能进步。
외국어를 배울 때는 부단히 연습해야 발전할 수 있다.

---

353 - 한중 동형 동의어

韓 연장하다 [延長하다]

中 延长 (yán cháng)

例 考试时间延长十分钟。
시험 시간을 10분 연장하였다.

354 - 한중 동형 동의어

🇰🇷 연합하다 [聯合하다]

🇨🇳 联合 (lián hé)

📝 这些厂商决定联合同业组织工会。
이들 업체는 연합하여 노동조합을 조직하기로 했다.

---

355 - 한중 동형 동의어

🇰🇷 열중하다 [熱中하다]

🇨🇳 热中 (rè zhōng)

📝 她目前正热中于股票投资。
그녀는 현재 주식 투자에 열중하고 있다.

【분석】 중국어에서 '热中'은 '간절히 바라다'의 용법으로도 사용되는데 이를테면 "热中名利。(명리를 간절히 바라다)"와 같다.

---

356 - 한중 동형 동의어

🇰🇷 예고하다 [豫告하다]

🇨🇳 预告 (yù gào)

📝 预告后世文学发展的路线。
후세 문학 발전의 길을 예고하다.

357 - 한중 동형 동의어

🇰🇷 예방하다 [豫防하다]

🇨🇳 预防 (yù fáng)

📝 预先预防。
미리 예방하다.

---

358 - 한중 동형 동의어

🇰🇷 예습하다 [豫習하다]

🇨🇳 预习 (yù xí)

📝 预习功课。
학과목을 예습하다.

---

359 - 한중 동형 동의어

🇰🇷 예정하다 [豫定하다]

🇨🇳 预定 (yù dìng)

📝 工程预定在下个月之前完成。
공정은 다음 달 전까지 완공하기로 예정되었다.

360 - 한중 동형 동의어

韓) 오해하다 [誤解하다]

中) 误解 (wù jiě)

例) 想不到他误解了我的意思。
그가 내 뜻을 오해하리라고는 생각지 못했다.

---

361 - 한중 동형 동의어

韓) 완공하다 [完工하다]

中) 完工 (wán gōng)

例) 那个承建商答应过准时完工。
그 건설업자는 시기에 맞추어 완공하겠다고 약속하였다.

---

362 - 한중 동형 동의어

韓) 완성하다 [完成하다]

中) 完成 (wán chéng)

例) 他花了一周，终于将报告完成了。
그는 일주일이 걸려서 마침내 보고서를 완성했다.

363 - 한중 동형 동의어

[韓] 왕래하다 [往來하다]

[中] 往来 (wǎng lái)

[例] 我认识他, 但不常往来。
나는 그를 알기는 하지만 자주 왕래하지는 않는다.

【분석】 중국어에서 '往来'와 '来往'은 모두 '오고 가다, 왕래하다.'의 의미를 가지고 있다.

---

364 - 한중 동형 동의어

[韓] 외출하다 [外出하다]

[中] 外出 (wài chū)

[例] 他已经明确禁止孩子独自外出。
그는 이미 아이가 혼자서 외출하는 것을 분명하게 금지했다.

---

365 - 한중 동형 동의어

[韓] 요구하다 [要求하다]

[中] 要求 (yāo qiú)

[例] 应该明确要求对方支付。
상대방에게 요금을 지불하도록 명확히 요구해야 한다.

366 - 한중 동형 동의어

🇰🇷 요양하다 [療養하다]

🇨🇳 疗养 (liáo yǎng)

📝 他因心脏病住院疗养。
그는 심장병으로 병원에 입원해 요양하고 있다.

---

367 - 한중 동형 동의어

🇰🇷 용납하다 [容納하다]

🇨🇳 容纳 (róng nà)

📝 要能容纳不喜欢的人。
싫어하는 사람도 용납할 수 있어야 한다.

---

368 - 한중 동형 동의어

🇰🇷 용해하다 [溶解하다]

🇨🇳 溶解 (róng jiě)

📝 充分搅拌可使糖在水中迅速溶解。
충분히 저어야 설탕이 물에서 빨리 용해할 수 있다.

369 - 한중 동형 동의어

🇰🇷 우대하다 [優待하다]

🇨🇳 优待 (yōu dài)

📝 他们优待少数几个人，使其他人处于不利的境地。
그들은 소수 몇 사람만 우대하여 다른 사람들은 불리한 입장에 처하도록 했다.

---

370 - 한중 동형 동의어

🇰🇷 우승하다 [優勝하다]

🇨🇳 优胜 (yōu shèng)

📝 舞会结束时，裁判员把奖品发给一对优胜的舞伴。
댄스파티가 끝날 때 심판은 우승한 커플에게 상품을 준다.

---

371 - 한중 동형 동의어

🇰🇷 운동하다 [運動하다]

🇨🇳 运动 (yùn dòng)

📝 坚持运动几个月之后，他的身体完全恢复了。
몇 개월 동안 꾸준히 운동한 후 그는 완전히 건강을 회복하였다.

372 - 한중 동형 동의어

- 韓 운송하다 [運送하다]
- 中 运送 (yùn sòng)
- 例 用火车向该国运送武器。
  기차를 이용해서 그 나라로 무기를 운송한다.

---

373 - 한중 동형 동의어

- 韓 원조하다 [援助하다]
- 中 援助 (yuán zhù)
- 例 援助贫困国家的儿童。
  빈곤국의 아동을 원조하다.

---

374 - 한중 동형 동의이

- 韓 원하다 [願하다]
- 中 愿 (yuàn)
- 例 刚学会走路的小孩子不愿和别人分享玩具。
  걸음마를 막 배운 어린아이들은 남들과 장난감을 나누어 노는 것을 원치 않는다.

375 - 한중 동형 동의어

🇰🇷 위로하다 [慰勞하다]

🇨🇳 慰劳 (wèi láo)

📝 到前线去慰劳战士们。
최전선으로 가서 병사들을 위로하다.

---

376 - 한중 동형 동의어

🇰🇷 위문하다 [慰問하다]

🇨🇳 慰问 (wèi wèn)

📝 走访地震灾区慰问灾民。
지진 피해 지역을 방문하여 이재민을 위문하다.

---

377 - 한중 동형 동의어

🇰🇷 위협하다 [威脅하다]

🇨🇳 威胁 (wēi xié)

📝 威胁要解散议会并举行选举。
의회를 해산하고 선거를 진행하겠다고 위협하였다.

378 - 한중 동형 동의어

[韓] 유의하다 [留意하다]

[中] 留意 (liú yì)

[例] 算账得专心，一不留意就爱出错。
계산할 때는 집중해야지 조금이라도 유의하지 않으면 곧잘 실수한다.

---

379 - 한중 동형 동의어

[韓] 유지하다 [維持하다]

[中] 维持 (wéi chí)

[例] 现在几乎快要无法维持生计。
현재는 곧 생계를 유지할 수 없을 정도이다.

---

380 - 한중 동형 동의어

[韓] 유통하다 [流通하다]

[中] 流通 (liú tōng)

[例] 穿堂风有助于室内空气流通。
맞바람은 실내 공기를 유통하는 데에 도움이 된다.

381 - 한중 동형 동의어

🇰🇷 유혹하다 [誘惑하다]

🇨🇳 诱惑 (yòu huò)

📝 诱惑人的夸张广告四处横行。
사람을 유혹하는 과장 광고가 사방에 난무한다.

---

382 - 한중 동형 동의어

🇰🇷 응시하다 [凝視하다]

🇨🇳 凝视 (níng shì)

📝 她抬起头来凝视他。
그녀는 고개를 들어 그를 응시했다.

---

383 - 한중 동형 동의어

🇰🇷 응용하다 [應用하다]

🇨🇳 应用 (yìng yòng)

📝 将这种技术应用于其他农作物。
이 기술을 다른 농작물에 응용하다.

384 - 한중 동형 동의어

韓 응하다 [應하다]

中 应 (yìng)

例 应邀。
초대에 응하다.

---

385 - 한중 동형 동의어

韓 의식하다 [意識하다]

中 意识 (yì shí)

例 我们意识到事态严重，才开始紧张了起来。
우리는 사태가 심각하다는 것을 의식하고 나서 비로소 긴장하기 시작했다.

---

386 - 한중 동형 동의어

韓 의심하다 [疑心하다]

中 疑心 (yí xīn)

例 她老是疑心有人要害她。
그녀는 항상 누군가 그녀를 해치려 한다고 의심한다.

387 - 한중 동형 동의어

韓 의하다 [依하다]

中 依 (yī)

例 他们都依章行事。
그들은 모두 규정에 의해 일을 처리한다.

---

388 - 한중 동형 동의어

韓 이동하다 [移動하다]

中 移动 (yí dòng)

例 昨天下了大雪, 人们不能自如地移动。
어제 큰 눈이 내려서 사람들이 자유롭게 이동할 수 없다.

---

389 - 한중 동형 동의어

韓 이별하다 [離別하다]

中 离别 (lí bié)·分别 (fēn bié)

例 想到将和小儿子长期离别, 她忍不住泪流满面。
막내아들과 오랫동안 이별할 것을 생각하니 그녀는 참지 못하고 눈물이 흘렀다.

390 - 한중 동형 동의어

🇰🇷 이용하다 [利用하다]

🇨🇳 利用 (lì yòng)

📝 利用电子监视设备跟踪追查。
전자 감시 장비를 이용하여 추적 조사하다.

---

391 - 한중 동형 동의어

🇰🇷 이해하다 [理解하다]

🇨🇳 理解 (lǐ jiě)

📝 我真的不理解这到底有什么意义。
나는 이것이 도대체 무슨 의미가 있는지 정말 이해할 수 없다.

---

392 - 한중 동형 동의어

🇰🇷 이행하다 [履行하다]

🇨🇳 履行 (lǚ xíng)

📝 履行诺言。
약속을 이행하다.

393 - 한중 동형 동의어

🇰🇷 인도하다 [引導하다]

🇨🇳 引导 (yǐn dǎo)

📝 灯光引导他们返回港口。
불빛이 그들을 항구로 돌아가도록 인도했다.

---

394 - 한중 동형 동의어

🇰🇷 인쇄하다 [印刷하다]

🇨🇳 印刷 (yìn shuā)

📝 韩国银行已经印刷了纸币票样。
한국은행에서 지폐 샘플을 이미 인쇄했다.

---

395 - 한중 동형 동의어

🇰🇷 인식하다 [認識하다]

🇨🇳 认识 (rèn shi)

📝 已经认识到了生命可贵。
생명이 귀하다는 것을 이미 인식했다.

【분석】 중국어에서 '认识'은 한국 한자어 '認識하다'와 동일한 의미로 사용되는 외에 '알다'의 의미가 있음에 유의해야 한다.

396 - 한중 동형 동의어

🇰🇷 인용하다 [引用하다]

🇨🇳 引用 (yǐn yòng)

📝 他经常引用电影中的经典台词。
그는 종종 영화 중의 명대사를 인용한다.

---

397 - 한중 동형 동의어

🇰🇷 인정하다 [認定하다]

🇨🇳 认定 (rèn dìng)

📝 法庭认定受害方犯有共同过失。
법원은 피해자 측이 공동과실을 범했다고 인정했다.

---

398 - 한중 동형 동의어

🇰🇷 일치하다 [一致하다]

🇨🇳 一致 (yī zhì)

📝 双方意见完全一致。
쌍방은 의견이 완전히 일치한다.

399 - 한중 동형 동의어

^韓 임명하다 [任命하다]

^中 任命 (rèn mìng)

^例 任命他为代表。
그를 대표로 임명하다.

---

400 - 한중 동형 동의어

^韓 임하다 [臨하다]

^中 临 (lín)

^例 临别拍一下照。
이별에 임해서 사진을 찍자.

---

401 - 한중 동형 동의어

^韓 입장하다 [入場하다]

^中 入场 (rù chǎng)

^例 两队都向观众挥手入场。
양 팀 모두 관중들에게 손을 흔들며 입장하였다.

402 - 한중 동형 동의어

[韓] 입학하다 [入學하다]

[中] 入学 (rù xué)

[例] 我妹妹七岁入学。
내 여동생은 7살에 입학했다.

---

403 - 한중 동형 동의어

[韓] 자각하다 [自覺하다]

[中] 自觉 (zì jué)

[例] 自觉有愧于他。
그에게 잘못했음을 자각하다.

---

404 - 한중 동형 동의어

[韓] 자급하다 [自給하다]

[中] 自给 (zì jǐ)

[例] 这支部队粮食全部自给。
이 군대는 식량을 전부 자급한다.

405 - 한중 동형 동의어

韓 자수하다 [自首하다]

中 自首 (zì shǒu)

例 犯罪后立即向警方自首，可以减轻刑罚。
범죄를 저지른 후 즉시 경찰에 자수하면 형사책임을 경감할 수 있다.

---

406 - 한중 동형 동의어

韓 자족하다 [自足하다]

中 自足 (zì zú)

例 已经到自给自足的程度。
이미 자급자족하는 정도에 이르렀다.

---

407 - 한중 동형 동의어

韓 자칭하다 [自稱하다]

中 自称 (zì chēng)

例 他自称是某大学的教授。
그는 자신이 모 대학의 교수라고 자칭하였다.

408 - 한중 동형 동의어

- 韓 작곡하다 [作曲하다]
- 中 作曲 (zuò qǔ)
- 例 用小提琴作曲。
  바이올린으로 작곡하다.

---

409 - 한중 동형 동의어

- 韓 작용하다 [作用하다]
- 中 作用 (zuò yòng)
- 例 冷暖空气相互作用。
  차가운 공기와 더운 공기가 서로 작용하다.

---

410 - 한중 동형 동의어

- 韓 장려하다 [奬勵하다]
- 中 奖励 (jiǎng lì)
- 例 奖励有能力的人。
  능력이 있는 사람을 장려하다.

411 - 한중 동형 동의어

韓 장식하다 [裝飾하다]

中 装饰 (zhuāng shì)

例 这家画廊装饰得非常雅致。
이 갤러리는 매우 우아하게 장식했다.

---

412 - 한중 동형 동의어

韓 장치하다 [裝置하다]

中 装置 (zhuāng zhì)

例 装置防盗设备。
도난 방지 시설을 장치하다.

---

413 - 한중 동형 동의어

韓 재배하다 [栽培하다]

中 栽培 (zāi péi)

例 栽培水稻。
벼를 재배하다.

414 - 한중 동형 동의어

韓 저장하다 [貯藏하다]

中 貯藏 (zhù cáng)

例 将晒好的麦子放进仓库贮藏。
잘 말린 밀을 창고에 넣어 저장하다.

---

415 - 한중 동형 동의어

韓 저항하다 [抵抗하다]

中 抵抗 (dǐ kàng)

例 健康的生活习惯可以提高抵抗疾病的能力。
건강한 생활 습관은 질병에 저항하는 능력을 높일 수 있다.

---

416 - 한중 동형 동의어

韓 적용하다 [適用하다]

中 适用 (shì yòng)

例 这种栽培方法不能适用于那个地区。
이러한 재배 농법은 그 지역에 적용할 수 없다.

417 - 한중 동형 동의어

韓 적응하다 [適應하다]

中 适应 (shì yìng)

例 适应新的工作环境。
새로운 근무 환경에 적응하다.

---

418 - 한중 동형 동의어

韓 전개하다 [展開하다]

中 展开 (zhǎn kāi)

例 展开军事行动。
군사작전을 전개하다.

---

419 - 한중 동형 동의어

韓 전달하다 [傳達하다]

中 传达 (chuán dá)

例 传达信号。
신호를 전달하다.

420 - 한중 동형 동의어

🇰🇷 전송하다 [傳送하다]

🇨🇳 传送 (chuán sòng)

📝 从前鸽子是传送军事情报的媒介。
이전에 비둘기는 군사정보를 전송하는 매개체였다.

---

421 - 한중 동형 동의어

🇰🇷 전시하다 [展示하다]

🇨🇳 展示 (zhǎn shì)

📝 展示新款智能手机。
신상 스마트폰을 전시하다.

---

422 - 한중 동형 동의어

🇰🇷 전염하다 [傳染하다]

🇨🇳 传染 (chuán rǎn)

📝 在公共场所应该注意个人卫生, 以免受到细菌传染。
세균이 전염하는 것을 막기 위해 공공장소에서는 개인 위생에 주의를 기울여야 한다.

423 - 한중 동형 동의어

韓 전진하다 [前進하다]

中 前进 (qián jìn)

例 不停地前进。
쉬지 않고 전진하다.

---

424 - 한중 동형 동의어

韓 전파하다 [傳播하다]

中 传播 (chuán bō)

例 有些蚊子传播疾病。
어떤 모기들은 질병을 전파한다.

---

425 - 한중 동형 동의어

韓 전폐하다 [全廢하다]

中 全废 (quán fèi)

例 武侠小说中常常出现武功全废的故事。
무협 소설에는 종종 무공을 전폐하는 이야기가 나온다.

426 - 한중 동형 동의어

韓 전하다 [傳하다]

中 传 (chuán)

例 希望先进的技术也能传到那个国家。
선진 기술이 그 나라에도 전해지기를 희망한다.

---

427 - 한중 동형 동의어

韓 전학하다 [轉學하다]

中 转学 (zhuǎn xué)

例 因为搬家所以转学了。
집이 이사해서 전학했다.

---

428 - 한중 동형 동의어

韓 절단하다 [切斷하다]

中 切断 (qiē duàn)

例 用砂轮机把钢铁切断。
그라인더로 강철을 절단하다.

429 - 한중 동형 동의어

[韓] 절약하다 [節約하다]

[中] 节约 (jié yuē)·节省 (jié shěng)

[例] 节约用电。
전기 사용을 절약하다.

---

430 - 한중 동형 동의어

[韓] 점령하다 [占領하다]

[中] 占领 (zhàn lǐng)

[例] 占领军事重镇。
군사 요충지를 점령하다.

---

431 - 한중 동형 동의어

[韓] 접근하다 [接近하다]

[中] 接近 (jiē jìn)

[例] 韩国足球已经接近世界水平。
한국 축구는 이미 세계 수준에 접근해 있다.

432 - 한중 동형 동의어

🇰🇷 접대하다 [接待하다]

🇨🇳 接待 (jiē dài)·招待 (zhāo dài)

📝 接待各国政府代表。
각국의 정부 대표를 접대하다.

---

433 - 한중 동형 동의어

🇰🇷 정돈하다 [整頓하다]

🇨🇳 整顿 (zhěng dùn)

📝 整顿混乱的道路网。
혼잡한 도로망을 정돈하다.

---

434 - 한중 동형 동의어

🇰🇷 정렬하다 [整列하다]

🇨🇳 整列 (zhěng liè)

📝 连长让队员们整列在操场上。
중대장은 대원들을 연병장에 정렬하게 했다.

435 - 한중 동형 동의어

韓 정리하다 [整理하다]

中 整理 (zhěng lǐ)

例 整理书桌抽屉里的东西。
책상 서랍 속의 물건을 정리하다.

---

436 - 한중 동형 동의어

韓 정복하다 [征服하다]

中 征服 (zhēng fú)

例 那部电影讲述的是猴子代替人类征服地球的故事。
그 영화는 원숭이가 인류를 대신해서 지구를 정복하는 이야기이다.

---

437 - 한중 동형 동의어

韓 정지하다 [停止하다]

中 停止 (tíng zhǐ)

例 停止使用银行卡。
은행 카드 사용을 정지하다.

438 - 한중 동형 동의어

[韓] 정하다 [定하다]

[中] 定 (dìng)

[例] 出发时间定在明天上午七点。
출발 시간을 내일 오전 7시로 정했다.

439 - 한중 동형 동의어

[韓] 정화하다 [淨化하다]

[中] 净化 (jìng huà)

[例] 净化污染的河水。
오염된 강물을 정화하다.

440 한중 동형 동의어

[韓] 제공하다 [提供하다]

[中] 提供 (tí gōng)

[例] 提供抓捕罪犯的重要线索。
범인을 검거하는 중요한 실마리를 제공하다.

441 - 한중 동형 동의어

🇰🇷 제시하다 [提示하다]

🇨🇳 提示 (tí shì)

📝 提示做法。
방법을 제시하다.

---

442 - 한중 동형 동의어

🇰🇷 제외하다 [除外하다]

🇨🇳 除外 (chú wài)

📝 医药费除外，他上个月总共花了五千元。
의료비를 제외하고 그는 지난달에 오천 원을 썼다.

---

443 - 한중 동형 동의어

🇰🇷 제의하다 [提議하다]

🇨🇳 提议 (tí yì)

📝 爸爸提议暑假全家出国旅行。
아버지는 여름방학에 온 가족이 해외여행을 떠나자고 제의했다.

444 - 한중 동형 동의어

[韓] 제작하다 [製作하다]

[中] 制作 (zhì zuò)

[例] 用纸制作玩具。
종이로 장난감을 제작하다.

---

445 - 한중 동형 동의어

[韓] 제정하다 [制定하다]

[中] 制定 (zhì dìng)

[例] 制定规章。
규정을 제정하다.

---

446 - 한중 동형 동의어

[韓] 제지하다 [制止하다]

[中] 制止 (zhì zhǐ)

[例] 制止破坏环境的行为。
환경 파괴 행위를 제지하다.

447 - 한중 동형 동의어

🇰🇷 제창하다 [提倡하다]

🇨🇳 提倡 (tí chàng)

📝 提倡控制二氧化碳排放。
이산화탄소 배출 억제를 제창하다.

---

448 - 한중 동형 동의어

🇰🇷 조각하다 [彫刻하다]

🇨🇳 雕刻 (diāo kè)

📝 雕刻在墙上。
벽에 조각하다.

---

449 - 한중 동형 동의어

🇰🇷 조리하다 [調理하다]

🇨🇳 调理 (tiáo lǐ)

📝 需要一段时间好好调理身心。
심신을 잘 조리하는 데는 일정한 시간이 필요하다.

450 - 한중 동형 동의어

韓 조사하다 [調査하다]

中 调查 (diào chá)

例 彻底调查他的罪行。
그의 범죄행위를 철저히 조사하다.

---

451 - 한중 동형 동의어

韓 조상하다 [弔喪하다]

中 吊丧 (diào sāng)

例 得知好友去世的消息, 理应前往吊丧。
친구가 세상을 떠났다는 소식을 들으면 당연히 조상하러 가야 한다.

---

452 - 한중 동형 동의어

韓 조절하다 [調節하다]

中 调节 (tiáo jié)

例 根据雨量调节水位。
강우량에 따라 수위를 조절하다.

453 - 한중 동형 동의어

韓 조정하다 [調整하다]

中 调整 (tiáo zhěng)

例 调整室内温度。
실내 온도를 조정하다.

---

454 - 한중 동형 동의어

韓 조종하다 [操縱하다]

中 操纵 (cāo zòng)

例 背后操纵他们俩打架。
그들 두 사람이 싸우도록 뒤에서 조종하다.

---

455 - 한중 동형 동의어

韓 조직하다 [組織하다]

中 组织 (zǔ zhī)

例 组织委员会。
위원회를 조직하다.

456 - 한중 동형 동의어

韓 조화하다 [調和하다]

中 调和 (tiáo hé)

例 找到相互调和的办法了。
서로 잘 조화될 방법을 찾았다.

---

457 - 한중 동형 동의어

韓 존경하다 [尊敬하다]

中 尊敬 (zūn jìng)

例 尊敬老师。
선생님을 존경하다.

---

458 - 한중 동형 동의어

韓 존중하다 [尊重하다]

中 尊重 (zūn zhòng)

例 要想得到尊重, 就得先尊重他人。
존중을 받으려면 먼저 타인을 존중해야 한다.

459 - 한중 동형 동의어

🇰🇷 종군하다 [從軍하다]

🇨🇳 从军 (cóng jūn)

📝 代父从军。
아버지 대신 종군하다.

---

460 - 한중 동형 동의어

🇰🇷 종사하다 [從事하다]

🇨🇳 从事 (cóng shì)

📝 她从事汽车经销工作已有十多年了。
그녀가 자동차 딜러 일에 종사한 지도 십여 년이 되었다.

---

461 - 한중 동형 동의어

🇰🇷 종합하다 [綜合하다]

🇨🇳 综合 (zōng hé)

📝 综合有关信息。
관련 정보를 종합하다.

462 - 한중 동형 동의어

[韓] 좌우하다 [左右하다]

[中] 左右 (zuǒ yòu)

[例] 谁也左右不了他坚定的决心。
누구도 그의 확고한 결심을 좌우할 수 없다.

---

463 - 한중 동형 동의어

[韓] 주의하다 [注意하다]

[中] 注意 (zhù yì)

[例] 注意结冰路滑!
빙판길 미끄럼을 주의하시오!

---

464 - 한중 동형 동의어

[韓] 주장하다 [主張하다]

[中] 主张 (zhǔ zhāng)

[例] 主张小孩子应该要多接触大自然。
어린이들은 대자연을 많이 접해야 한다고 주장하였다.

465 - 한중 동형 동의어

🇰🇷 주재하다 [主宰하다]

🇨🇳 主宰 (zhǔ zǎi)

📝 不要让自己的命运由他人主宰。
자신의 운명을 타인이 주재하게 하지 마라.

---

466 - 한중 동형 동의어

🇰🇷 주저하다 [躊躇하다]

🇨🇳 踌躇 (chóu chú)

📝 他正踌躇着怎样对她说这件事。
그는 그녀에게 이 일을 어떻게 말할지 주저하고 있다.

---

467 - 한중 동형 동의어

🇰🇷 준비하다 [準備하다]

🇨🇳 准备 (zhǔn bèi)

📝 正在准备考研。
대학원 진학을 준비하고 있다.

468 - 한중 동형 동의어

韓 중단하다 [中斷하다]

中 中断 (zhōng duàn)

例 因电波干扰而中断发送。
전파 방해로 송신을 중단하다.

---

469 - 한중 동형 동의어

韓 중시하다 [重視하다]

中 重视 (zhòng shì)

例 非常重视保护环境。
환경 보호를 대단히 중시한다.

---

470 - 한중 동형 동의어

韓 중지하다 [中止하다]

中 中止 (zhōng zhǐ)

例 武器出口因国际社会的压力而中止了。
무기 수출은 국제사회의 압박으로 인해 중지했다.

471 - 한중 동형 동의어

🇰🇷 즉위하다 [卽位하다]

🇨🇳 即位 (jí wèi)

📝 前皇帝突然去世，新皇帝便即位了。
전 황제가 갑자기 서거하여 새로운 황제가 즉위했다.

---

472 - 한중 동형 동의어

🇰🇷 증가하다 [增加하다]

🇨🇳 增加 (zēng jiā)

📝 他的体重增加了五公斤。
그의 체중은 5킬로 증가했다.

---

473 - 한중 동형 동의어

🇰🇷 증강하다 [增强하다]

🇨🇳 增强 (zēng qiáng)

📝 增强人体对病菌的抵抗力。
병균에 대한 인체의 저항력을 증강하다.

474 - 한중 동형 동의어

韓 증명하다 [證明하다]

中 证明 (zhèng míng)

例 仅凭目前的证据不足以证明他是犯人。
현재의 증거만으로는 그가 범인이라고 증명할 수 없다.

---

475 - 한중 동형 동의어

韓 증발하다 [蒸發하다]

中 蒸发 (zhēng fā)

例 酒精过一段时间就会蒸发。
알코올은 일정 시간이 지나면 증발한다.

---

476 - 한중 동형 동의어

韓 증설하다 [增設하다]

中 增设 (zēng shè)

例 该大学决定从下学期开始增设校内所有学科的英语授课课程。
그 대학은 다음 학기부터 학내의 모든 학과에서 영어로 강의하는 수업을 증설하기로 했다.

477 - 한중 동형 동의어

🇰🇷 증진하다 [增進하다]

🇨🇳 增进 (zēng jìn)

📝 增进两国之间的文化交流。
양국 간의 문화교류를 증진하다.

---

478 - 한중 동형 동의어

🇰🇷 지도하다 [指導하다]

🇨🇳 指导 (zhǐ dǎo)

📝 指导研究生写论文也是教授的主要工作之一。
대학원생이 논문을 쓰는 것을 지도하는 것도 교수의 주요 업무 중 하나이다.

---

479 - 한중 동형 동의어

🇰🇷 지명하다 [指名하다]

🇨🇳 指名 (zhǐ míng)

📝 科长指名要我负责这次的企划案。
과장님은 나를 지명하여 이번 기획안을 책임지게 했다.

480 - 한중 동형 동의어

韓 지배하다 [支配하다]

中 支配 (zhī pèi)

例 思想支配人的行为。
생각이 사람의 행동을 지배한다.

---

481 - 한중 동형 동의어

韓 지속하다 [持續하다]

中 持续 (chí xù)

例 会议一直持续到深夜。
회의는 깊은 밤까지 지속되었다.

---

482 - 한중 동형 동의어

韓 지시하다 [指示하다]

中 指示 (zhǐ shì)

例 刚刚上级指示把开会时间推迟半小时。
방금 상부에서 회의 시간을 30분 늦추라고 지시했다.

483 - 한중 동형 동의어

🇰🇷 지원하다 [支援하다]

🇨🇳 支援 (zhī yuán)

📝 战争一结束，几个国家就决定支援那个国家的战后重建事业。
전쟁이 끝나자마자 몇몇 나라가 그 나라의 전후 재건 사업을 지원하기로 했다.

---

484 - 한중 동형 동의어

🇰🇷 지적하다 [指摘하다]

🇨🇳 指摘 (zhǐ zhāi)·指责 (zhǐ zé)

📝 那个运动员的动作无可指摘, 所以得了最高分。
그 선수의 동작은 지적할 것이 없어서 가장 높은 점수를 받았다.

---

485 - 한중 동형 동의어

🇰🇷 지정하다 [指定하다]

🇨🇳 指定 (zhǐ dìng)

📝 指定她为本届国际电影节的主持人。
그녀를 이번 국제영화제의 사회자로 지정하다.

486 - 한중 동형 동의어

韓 지지하다 [支持하다]

中 支持 (zhī chí)

例 全力支持他的建议。
그의 건의를 전폭적으로 지지한다.

---

487 - 한중 동형 동의어

韓 지체하다 [遲滯하다]

中 迟滞 (chí zhì)

例 工程严重迟滞，恐怕无法如期完工。
공사는 심각하게 지체되어 제때 완공하기 어려울 것 같다.

---

488 - 한중 동형 동의어

韓 지탱하다 [支撑하다]

中 支撑 (zhī chēng)

例 这点资金支撑不了多久。
이 정도 자금으로는 오래 지탱할 수 없다.

489 - 한중 동형 동의어

韓 지휘하다 [指揮하다]

中 指挥 (zhǐ huī)

例 这次军事行动由他来指挥。
이번 군사작전은 그가 지휘한다.

---

490 - 한중 동형 동의어

韓 진군하다 [進軍하다]

中 进军 (jìn jūn)

例 那支部队向敌阵进军。
그 부대는 적진을 향해 진군하였다.

---

491 - 한중 동형 동의어

韓 진동하다 [振動하다]

中 振动 (zhèn dòng)

例 隔一定的间隔振动。
일정한 간격을 두고 진동한다.

492 - 한중 동형 동의어

[韓] 진찰하다 [診察하다]

[中] 诊察 (zhěn chá)

[例] 医生对他诊察了一遍, 然后开了药。
의사가 그를 진찰하고 나서 약을 처방하였다.

---

493 - 한중 동형 동의어

[韓] 진행하다 [進行하다]

[中] 进行 (jìn xíng)

[例] 进行调查和评价。
조사와 평가를 진행하다.

---

494 - 한중 동형 동의어

[韓] 질식하다 [窒息하다]

[中] 窒息 (zhì xī)

[例] 他把她抱得窒息了。
그는 그녀를 질식할 정도로 포옹했다.

495 - 한중 동형 동의어

🇰🇷 집중하다 [集中하다]

🇨🇳 集中 (jí zhōng)

📝 大家的目光都集中在他指的地方。
모든 사람의 시선이 그가 가리키는 곳에 집중했다.

---

496 - 한중 동형 동의어

🇰🇷 집합하다 [集合하다]

🇨🇳 集合 (jí hé)

📝 队员们听到营长的喊叫声，立即集合。
부대원들은 부대장의 외침 소리를 듣고 즉시 집합했다.

---

497 - 한중 동형 동의어

🇰🇷 징집하다 [徵集하다]

🇨🇳 征集 (zhēng jí)

📝 战争爆发时，他们强行征集军队。
전쟁이 일어났을 때, 그들은 강제로 군대를 징집했다.

498 - 한중 동형 동의어

- 韓 착륙하다 [着陸하다]
- 中 着陆 (zhuó lù)
- 例 我们乘坐的飞机终于安全着陆了。
  우리가 탄 비행기가 마침내 무사히 착륙했다.

---

499 - 한중 동형 동의어

- 韓 착수하다 [着手하다]
- 中 着手 (zhuó shǒu)
- 例 着手引进优秀人才。
  우수한 인재 영입을 착수하다.

---

500 - 한중 동형 동의어

- 韓 찬성하다 [贊成하다]
- 中 赞成 (zàn chéng)
- 例 不能赞成没有根据的学说。
  근거가 없는 학설을 찬성할 수 없다.

501 - 한중 동형 동의어

🇰 찬양하다 [讚揚하다]

🇨 赞扬 (zàn yáng)

📝 对这次外交成果大加赞扬。
이번 외교 성과에 대해 크게 찬양했다.

---

502 - 한중 동형 동의어

🇰 참가하다 [參加하다]

🇨 参加 (cān jiā)·加入 (jiā rù)

📝 只要有意志, 谁都可以参加。
의지만 있다면 누구나 참가할 수 있다.

---

503 - 한중 동형 동의어

🇰 참고하다 [參考하다]

🇨 参考 (cān kǎo)

📝 参考了数十种工具书。
수십 종의 사전류를 참고하였다.

504 - 한중 동형 동의어

[韓] 참배하다 [参拜하다]

[中] 参拜 (cān bài)

[例] 他不顾周围人的反对参拜战犯的墓地。
그는 주위의 반대에도 불구하고 전범의 묘소를 참배한다.

---

505 - 한중 동형 동의어

[韓] 참여하다 [参與하다]

[中] 参与 (cān yù)

[例] 参与表决。
표결에 참여하다.

---

506 - 한중 동형 동의어

[韓] 참작하다 [参酌하다]

[中] 参酌 (cān zhuó)

[例] 这项方案是多方参酌专家学者们的意见之后拟订出来的。
이 방안은 여러 전문가와 학자들의 의견을 참작하여 만든 것이다.

507 - 한중 동형 동의어

韓 참전하다 [參戰하다]

中 参战 (cān zhàn)

例 他参战时战斗已接近尾声。
그가 참전했을 때 전투는 이미 거의 끝나고 있었다.

---

508 - 한중 동형 동의어

韓 창설하다 [創設하다]

中 创设 (chuàng shè)

例 创设一所只进行远程授课的大学。
원격수업만 하는 대학을 창설하다.

---

509 - 한중 동형 동의어

韓 창조하다 [創造하다]

中 创造 (chuàng zào)

例 人类是上帝创造的还是从猿进化而来的?
사람은 신이 창조한 것인가 아니면 유인원에서 진화한 것인가?

510 - 한중 동형 동의어

[韓] 채용하다 [採用하다]

[中] 采用 (cǎi yòng)·登用 (dēng yòng)·录用 (lù yòng)

[例] 采用公设民营方式。
정부가 설치하고 민간이 운영하는 방식을 채용하다.

---

511 - 한중 동형 동의어

[韓] 채집하다 [採集하다]

[中] 采集 (cǎi jí)

[例] 在树林里采集蘑菇时要注意毒蘑菇。
숲에서 버섯을 채집할 때는 독버섯에 주의해야 한다.

---

512 - 한중 동형 동의어

[韓] 채택하다 [採擇하다]

[中] 采择 (cǎi zé)

[例] 采择模糊策略。
모호한 전략을 채택하다.

513 - 한중 동형 동의어

[韓] 처리하다 [處理하다]

[中] 处理 (chǔ lǐ)

[例] 不知怎么处理这件事。
이 일을 어떻게 처리할지 모르겠다.

---

514 - 한중 동형 동의어

[韓] 처벌하다 [處罰하다]

[中] 处罚 (chǔ fá)

[例] 酒后驾驶应该从重处罚。
음주운전은 마땅히 강하게 처벌해야 한다.

---

515 - 한중 동형 동의어

[韓] 처형하다 [處刑하다]

[中] 处刑 (chǔ xíng)

[例] 在二战时期见过许多残暴不仁的处刑场面。
2차세계대전 시기에 잔학하게 처형하는 장면을 많이 목격하였다.

516 - 한중 동형 동의어

韓 청소하다 [淸掃하다]

中 清扫 (qīng sǎo)·扫除 (sǎo chú)

例 清扫炉床。
난로를 청소하다.

---

517 - 한중 동형 동의어

韓 청원하다 [請願하다]

中 请愿 (qǐng yuàn)

例 向政府机关请愿也是公民的权利之一。
정부 기관에 청원하는 것도 국민 권리 중 하나이다.

---

518 - 한중 동형 동의어

韓 체결하다 [締結하다]

中 缔结 (dì jié)

例 两国终于缔结了罪犯引渡条约。
양국은 마침내 범죄인인도조약을 체결하였다.

519 - 한중 동형 동의어

🇰🇷 체포하다 [逮捕하다]

🇨🇳 逮捕 (dài bǔ)

📝 警察逮捕了罪犯。
경찰이 범죄자를 체포하였다.

---

520 - 한중 동형 동의어

🇰🇷 체험하다 [體驗하다]

🇨🇳 体验 (tǐ yàn)

📝 体验了一个月的农家生活。
한 달간의 농가 생활을 체험했다.

---

521 - 한중 동형 동의어

🇰🇷 초과하다 [超過하다]

🇨🇳 超过 (chāo guò)

📝 支出超过了收入。
지출이 수입을 초과했다.

522 - 한중 동형 동의어

韓 초대하다 [招待하다]

中 招待 (zhāo dài)

例 妈妈很好客，经常在家里招待朋友。
엄마는 손님 접대를 아주 좋아하셔서 종종 집에 친구를 초대하신다.

---

523 - 한중 동형 동의어

韓 촉진하다 [促進하다]

中 促进 (cù jìn)

例 促进血液循环。
혈액순환을 촉진한다.

---

524 - 한중 동형 동의어

韓 추격하다 [追擊하다]

中 追击 (zhuī jī)

例 派兵追击。
군대를 보내서 추격하다.

525 - 한중 동형 동의어

[韓] 추구하다 [追求하다]

[中] 追求 (zhuī qiú)

[例] 不必过分追求完美。
지나치게 완벽을 추구할 필요는 없다.

---

526 - 한중 동형 동의어

[韓] 추수하다 [秋收하다]

[中] 秋收 (qīu shōu)

[例] 农村秋收时节最忙。
농촌은 추수하는 시기에 가장 바쁘다.

---

527 - 한중 동형 동의어

[韓] 추측하다 [推測하다]

[中] 推测 (tuī cè)

[例] 从结果推测原因。
결과로부터 원인을 추측하다.

528 - 한중 동형 동의어

[韓] 축소하다 [縮小하다]

[中] 缩小 (suō xiǎo)

[例] 受制于规定，缩小了开发范围。
규정에 막혀 개발 범위를 축소했다.

---

529 - 한중 동형 동의어

[韓] 축하하다 [祝賀하다]

[中] 祝贺 (zhù hè)

[例] 祝贺你出了这么受欢迎的小说!
이렇게 인기 있는 소설을 출간한 것을 축하해!

---

530 - 한중 동형 동의어

[韓] 출가하다 [出家하다]

[中] 出家 (chū jiā)

[例] 她几年前出家当尼姑了。
그녀는 몇 년 전 출가하여 비구니가 되었다.

531 - 한중 동형 동의어

[韓] 출동하다 [出動하다]

[中] 出动 (chū dòng)

[例] 警察紧急出动到案发现场。
경찰이 사건 현장으로 긴급히 출동했다.

---

532 - 한중 동형 동의어

[韓] 출발하다 [出發하다]

[中] 出发 (chū fā)

[例] 长途汽车按时出发。
고속버스는 시간에 맞추어 출발한다.

---

533 - 한중 동형 동의어

[韓] 출전하다 [出戰하다]

[中] 出战 (chū zhàn)

[例] 出战生擒敌人。
출전하여 적을 생포하다.

534 - 한중 동형 동의어

[韓] 출판하다 [出版하다]

[中] 出版 (chū bǎn)

[例] 这次是他出版第六本书。
이번에 그는 여섯 번째 책을 출판했다.

---

535 - 한중 동형 동의어

[韓] 충고하다 [忠告하다]

[中] 忠告 (zhōng gào)

[例] 我忠告了他好几次，可还是听不进去。
나는 그에게 여러 번 충고했지만 들어먹질 않는다.

---

536 - 한중 동형 동의어

[韓] 충성하다 [忠誠하다]

[中] 忠诚 (zhōng chéng)

[例] 每个公民都有忠诚于国家的义务。
모든 국민은 국가에 충성해야 하는 의무가 있다.

537 - 한중 동형 동의어

韓 충천하다 [沖天하다]

中 冲天 (chōng tiān)

例 怒气冲天。
노기충천하다.

---

538 - 한중 동형 동의어

韓 취소하다 [取消하다]

中 取消 (qǔ xiāo)

例 由于於该国物价大幅上涨, 想要取消旅游的谘询络绎不绝。
그 나라의 물가가 대폭 상승하여 여행을 취소하려는 문의가 끊이지 않는다.

---

539 - 한중 동형 동의어

韓 취업하다 [就業하다]

中 就业 (jiù yè)

例 他本科毕业后不打算就业, 想考研。
그는 학부 졸업 후에 취업하지 않고 대학원에 진학하려고 한다.

540 - 한중 동형 동의어

🇰🇷 취임하다 [就任하다]

🇨🇳 就任 (jiù rèn)

📝 就任后的第一件事就是改革公司的人事制度。
취임한 후 첫 번째 업무가 바로 회사의 인사제도를 개혁하는 것이다.

---

541 - 한중 동형 동의어

🇰🇷 측정하다 [測定하다]

🇨🇳 測定 (cè dìng)

📝 測定海拔高度。
해발 고도를 측정하다.

---

542 - 한중 동형 동의어

🇰🇷 치료하다 [治療하다]

🇨🇳 治疗 (zhì liáo)

📝 那病需要隔离治疗。
그 병은 격리해서 치료하여야 한다.

543 - 한중 동형 동의어

韓 침략하다 [侵略하다]

中 侵略 (qīn lüè)

例 那部电影的主要内容是对抗侵略地球的外星人。
그 영화의 주요 내용은 지구를 침략한 외계인에 맞서 싸우는 것이다.

---

544 - 한중 동형 동의어

韓 침범하다 [侵犯하다]

中 侵犯 (qīn fàn)

例 侵犯邻国的领海。
이웃 나라의 영해를 침범하다.

---

545 - 한중 동형 동의어

韓 침입하다 [侵入하다]

中 侵入 (qīn rù)

例 消灭侵入体内的病菌的方法有几种。
체내에 침입한 병균을 없애는 방법은 몇 가지가 있다.

546 - 한중 동형 동의어

🇰🇷 칭송하다 [稱頌하다]

🇨🇳 称颂 (chēng sòng)

📝 人们称颂他为英雄。
사람들은 그를 영웅으로 칭송하였다.

---

547 - 한중 동형 동의어

🇰🇷 칭찬하다 [稱讚하다]

🇨🇳 称赞 (chēng zàn)

📝 你的研究成果值得称赞。
당신의 연구 성과는 칭찬할 가치가 있다.

---

548 - 한중 동형 동의어

🇰🇷 타락하다 [墮落하다]

🇨🇳 堕落 (duò luò)

📝 他绝对不是自甘堕落的人。
그는 절대로 타락한 사람이 아니다.

549 - 한중 동형 동의어

[韓] 타파하다 [打破하다]

[中] 打破 (dǎ pò)

[例] 融合学科打破了学科界限。
융합 전공은 학문 간의 경계를 타파하였다.

---

550 - 한중 동형 동의어

[韓] 타협하다 [妥協하다]

[中] 妥协 (tuǒ xié)

[例] 两国都不愿妥协, 所以会谈决裂了。
두 나라 모두 타협하는 것을 원치 않아 회담은 결렬되었다.

---

551 - 한중 동형 동의어

[韓] 탄복하다 [歎服하다]

[中] 叹服 (tàn fú)

[例] 他的钢琴演奏使每个人都叹服。
그의 피아노 연주는 모든 사람을 탄복하게 하였다.

552 - 한중 동형 동의어

- 韓 탄생하다 [誕生하다]
- 中 诞生 (dàn shēng)
- 例 新的体裁诞生了。
  새로운 장르가 탄생했다.

---

553 - 한중 동형 동의어

- 韓 탄식하다 [歎息하다]
- 中 叹息 (tàn xī)
- 例 读了这篇文章, 没有人不叹息。
  이 글을 읽고 탄식하지 않은 사람이 없다.

---

554 - 한중 동형 동의어

- 韓 탈취하다 [奪取하다]
- 中 夺取 (duó qǔ)
- 例 首先夺取外交权。
  먼저 외교권을 탈취하다.

555 - 한중 동형 동의어

韓 탐구하다 [探求하다]

中 探求 (tàn qiú)

例 探求经典的深奥道理。
경전의 심오한 이치를 탐구하다.

---

556 - 한중 동형 동의어

韓 탐사하다 [探査하다]

中 探查 (tàn chá)

例 探查深海。
심해를 탐사하다.

---

557 - 한중 동형 동의어

韓 탐색하다 [探索하다]

中 探索 (tàn suǒ)

例 探索人体的奥秘。
인체의 신비를 탐색하다.

558 - 한중 동형 동의어

韓 탐험하다 [探險하다]

中 探险 (tàn xiǎn)

例 他在那个地区探险了好几年。
그는 수년간 그 지역을 탐험했다.

---

559 - 한중 동형 동의어

韓 토론하다 [討論하다]

中 讨论 (tǎo lùn)

例 激烈地讨论那个法律草案。
그 법률 초안에 대해 격렬하게 토론했다.

---

560 - 한중 동형 동의어

韓 토벌하다 [討伐하다]

中 讨伐 (tǎo fá)

例 讨伐叛乱分子。
반란군을 토벌하다.

561 - 한중 동형 동의어

韓 통곡하다 [痛哭하다]

中 痛哭 (tòng kū)

例 看到将军的尸体, 士兵们全都痛哭起来。
장군의 시신을 보고 병사들은 모두 통곡하였다.

---

562 - 한중 동형 동의어

韓 통과하다 [通過하다]

中 通过 (tōng guò)

例 地铁通过隧道向北奔去。
지하철이 터널을 통과해서 북쪽으로 달려간다.

---

563 - 한중 동형 동의어

韓 통근하다 [通勤하다]

中 通勤 (tōng qín)

例 离家很远, 很难每天通勤。
집에서 거리가 멀어서 매일 통근하기 매우 어렵다.

564 - 한중 동형 동의어

韓 통분하다 [痛憤하다]

中 痛愤 (tòng fèn)

例 听到那个消息大家都深为痛愤。
그 소식을 듣고 모두 크게 통분했다.

---

565 - 한중 동형 동의어

韓 통솔하다 [統率하다]

中 统率 (tǒng shuài)

例 授权统率全军。
전군을 통솔하는 권한을 부여했다.

---

566 - 한중 동형 동의어

韓 통신하다 [通信하다]

中 通信 (tōng xìn)

例 个人通信的自由应该得到保障。
개인이 통신하는 자유가 보장되어야 한다.

567 - 한중 동형 동의어

🇰🇷 통일하다 [統一하다]

🇨🇳 统一 (tǒng yī)

📝 统一文字和度量衡。
문자와 도량형을 통일하다.

---

568 - 한중 동형 동의어

🇰🇷 통치하다 [統治하다]

🇨🇳 统治 (tǒng zhì)

📝 统治天下是所有皇帝的梦想。
천하를 통치하는 것이 모든 황제의 꿈이다.

---

569 - 한중 동형 동의어

🇰🇷 통풍하다 [通風하다]

🇨🇳 通风 (tōng fēng)

📝 经常在室内通风有益健康。
실내에서 자주 통풍하는 것이 건강에 좋다.

570 - 한중 동형 동의어

韓 통화하다 [通話하다]

中 通话 (tōng huà)

例 通话的时间不长。
통화한 시간이 길지 않다.

---

571 - 한중 동형 동의어

韓 퇴장하다 [退場하다]

中 退场 (tuì chǎng)

例 大会结束后大家都退场了。
대회가 끝난 후 모두 퇴장하였다.

---

572 한중 동형 동의어

韓 투자하다 [投資하다]

中 投资 (tóu zī)

例 投资于半导体产业。
반도체산업에 투자하다.

573 - 한중 동형 동의어

- 韓 투쟁하다 [鬪爭하다]
- 中 斗争 (dòu zhēng)
- 例 为了实现目标而斗争到底。
  목표를 이루기 위해 끝까지 투쟁하다.

---

574 - 한중 동형 동의어

- 韓 투표하다 [投票하다]
- 中 投票 (tóu piào)
- 例 选举虽然是表达意见的手段，但不能只为了自己的利益而投票。
  선거는 의사 표현의 수단이기는 하지만 자신의 이익만을 위해 투표해서는 안 된다.

---

575 - 한중 동형 동의어

- 韓 파견하다 [派遣하다]
- 中 派遣 (pài qiǎn)
- 例 派遣专家
  전문가를 파견하다.

576 - 한중 동형 동의어

[韓] 파괴하다 [破壞하다]

[中] 破坏 (pò huài)

[例] 为阻止敌人进军，不得不破坏桥梁。
적의 진군을 막기 위해 부득불 다리를 파괴했다.

---

577 - 한중 동형 동의어

[韓] 파손하다 [破損하다]

[中] 破损 (pò sǔn)

[例] 破损了要赔偿。
파손하면 배상해야 한다.

---

578 - 한중 동형 동의이

[韓] 파직하다 [罷職하다]]

[中] 罢职 (bà zhí)

[例] 因受贿丢官罢职的不计其数。
뇌물수수로 인해 파직한 사람이 부지기수이다.

579 - 한중 동형 동의어

🇰🇷 판결하다 [判決하다]

🇨🇳 判决 (pàn jué)

📝 裁判判决白队犯规。
심판은 백팀이 파울을 범했다고 판결했다.

---

580 - 한중 동형 동의어

🇰🇷 판단하다 [判斷하다]

🇨🇳 判断 (pàn duàn)

📝 只要是有正常思维的人，谁都能判断出来。
정상적인 사고를 하는 사람이면 누구든지 판단할 수 있다.

---

581 - 한중 동형 동의어

🇰🇷 판매하다 [販賣하다]

🇨🇳 贩卖 (fàn mài)

📝 贩卖假货，骗取钱财。
위조품을 판매하여 재물을 편취하다.

582 - 한중 동형 동의어

🇰🇷 판정하다 [判定하다]

🇨🇳 判定 (pàn dìng)

📝 录像回放后，裁判判定那球有效。
비디오 판독 후에 심판은 그 골이 유효하다고 판정했다.

---

583 - 한중 동형 동의어

🇰🇷 팽창하다 [膨脹하다]

🇨🇳 膨胀 (péng zhàng)

📝 物体受热就会膨胀。
물체는 열을 받으면 팽창한다.

---

584 - 한중 동형 동의어

🇰🇷 편중하다 [偏重하다]

🇨🇳 偏重 (piān zhòng)

📝 学校教育应平衡发展，不可偏重任何一方面。
학교 교육은 균형적으로 발전해야 하며 한쪽으로 편중해서는 아니 된다.

585 - 한중 동형 동의어

🇰🇷 평가하다 [評價하다]

🇨🇳 评价 (píng jià)

📝 详细评价当时的人物。
당시의 인물들을 상세히 평가하였다.

---

586 - 한중 동형 동의어

🇰🇷 폐쇄하다 [閉鎖하다]

🇨🇳 闭锁 (bì suǒ)

📝 过度摄取肉类会加重血管闭锁的症状。
지나친 육류 섭취는 혈관이 폐쇄하는 증상을 가중시킨다.

---

587 - 한중 동형 동의어

🇰🇷 폐지하다 [廢止하다]

🇨🇳 废止 (fèi zhǐ)

📝 该项法令早已废止。
그 법 조항은 이미 폐지되었다.

588 - 한중 동형 동의어

韓 포기하다 [抛棄하다]

中 抛弃 (pāo qì)

例 抛弃旧时代的观念。
구시대의 관념을 포기하다.

---

589 - 한중 동형 동의어

韓 포위하다 [包圍하다]

中 包围 (bāo wéi)

例 我军完全包围了敌军。
아군이 적군을 완전히 포위했다.

---

590 - 한중 동형 동의어

韓 포장하다 [包裝하다]

中 包装 (bāo zhuāng)

例 包装商品时要注意安全。
상품을 포장할 때는 안전에 주의해야 한다.

591 - 한중 동형 동의어

🇰🇷 포함하다 [包含하다]

🇨🇳 包含 (bāo hán)

📝 他的话包含着多种解释。
그의 말은 여러 가지 해석을 포함하고 있다.

---

592 - 한중 동형 동의어

🇰🇷 폭로하다 [暴露하다]

🇨🇳 暴露 (bào lù)

📝 事件的始末暴露无遗。
사건의 전말이 남김없이 폭로되었다.

---

593 - 한중 동형 동의어

🇰🇷 폭발하다 [爆發하다]

🇨🇳 爆发 (bào fā)

📝 火山突然爆发。
화산이 갑자기 폭발하였다.

594 - 한중 동형 동의어

韓 폭파하다 [爆破하다]

中 爆破 (bào pò)

例 开凿隧道需要爆破岩石。
터널을 뚫기 위해서는 암석을 폭파해야 한다.

---

595 - 한중 동형 동의어

韓 표시하다 [表示하다]

中 表示 (biǎo shì)

例 表示非常遗憾。
대단히 유감스러움을 표시하다.

---

596 - 한중 동형 동의어

韓 표창하다 [表彰하다]

中 表彰 (biǎo zhāng)

例 为了表彰他生前业绩而设立纪念馆。
그의 생전 업적을 표창하기 위해서 기념관을 설립했다.

597 - 한중 동형 동의어

韓 표현하다 [表現하다]

中 表现 (biǎo xiàn)

例 他在这部作品中要表现的是现代美术的独创性。
그가 이 작품에서 표현하고자 하는 것은 현대미술의 독창성이다.

【분석】 중국어에서 '表现'은 한국 한자어 '表現하다'와 동일한 의미로 사용되는 외에 '1) 태도 또는 품행, 2) 일부러 자신을 나타내다, 과시하다.'와 같은 의미로도 사용됨에 유의해야 한다. 이를테면 "1) 他的工作表现很好。(그의 업무 태도가 아주 좋다.)", "2) 爱表现自己。(자신을 과시하기 좋아한다.)'와 같다.

---

598 - 한중 동형 동의어

韓 피난하다 [避難하다]

中 避难 (bì nàn)

例 我当时在国外避难。
나는 당시에 해외에 피난해 있었다.

599 - 한중 동형 동의어

韓 학살하다 [虐殺하다]

中 虐杀 (nüè shā)

例 不能随意虐杀野生动物。
야생동물을 함부로 학살해서는 안 된다.

---

600 - 한중 동형 동의어

韓 학습하다 [學習하다]

中 学习 (xué xí)

例 学习中国语。
중국어를 학습하다.

---

601 - 한중 동형 동의어

韓 함락하다 [陷落하다]

中 陷落 (xiàn luò)

例 那个城市在敌人的进攻下终于陷落了。
그 도시는 적의 공격으로 결국 함락했다.

602 - 한중 동형 동의어

🇰🇷 함유하다 [含有하다]

🇨🇳 含有 (hán yǒu)

📝 这种食品含有大量有益健康的成分。
이 식품은 건강에 좋은 성분을 다량 함유하고 있다.

---

603 - 한중 동형 동의어

🇰🇷 합격하다 [合格하다]

🇨🇳 合格 (hé gé)

📝 技术标准合格。
기술 표준에 합격하다.

---

604 - 한중 동형 동의어

🇰🇷 합계하다 [合計하다]

🇨🇳 合计 (hé jì)

📝 把这一行的数字合计一下。
이 항의 숫자를 합계하시오.

【분석】 중국어에서 '合计'는 한국 한자어 '合計하다'와 동일한 의미로 사용되는 외에 '타산하다, 따져보다, 상의하다'의 용법으로도 사용됨에 유의해야 한다.

605 - 한중 동형 동의어

[韓] 합산하다 [合算하다]

[中] 合算 (hé suàn)

[例] 合算资产收入。
자산 수입을 합산하다.

【분석】 중국어에서 '合算'은 한국 한자어 '合算하다'와 동일한 의미로 사용되는 외에 '1) 수지가 맞다, 2) 종합적으로 생각하다, 고려하다.'의 용법으로도 사용됨에 유의해야 한다.

---

606 - 한중 동형 동의어

[韓] 합심하다 [合心하다]

[中] 合心 (hé xīn)

[例] 全国人民合心协力打破僵局。
온 국민이 합심하고 협력하여 난국을 타개하다.

---

607 - 한중 동형 동의어

[韓] 합주하다 [合奏하다]

[中] 合奏 (hé zòu)

[例] 钢琴和小提琴合奏。
피아노와 바이올린을 합주하다.

608 - 한중 동형 동의어

韓 합창하다 [合唱하다]

中 合唱 (hé chàng)

例 我们那天合唱了好几首歌。
우리는 그날 여러 곡을 합창하였다.

---

609 - 한중 동형 동의어

韓 항거하다 [抗拒하다]

中 抗拒 (kàng jù)

例 抗拒武力。
무력에 항거하다.

---

610 - 한중 동형 동의어

韓 항복하다 [降服하다]

中 降服 (xiáng fú)

例 敌人已经降服。
적은 이미 항복했다.

611 - 한중 동형 동의어

[韓] 항의하다 [抗議하다]

[中] 抗议 (kàng yì)

[例] 抗议不公平的待遇。
불공평한 처우에 대해 항의하다.

---

612 - 한중 동형 동의어

[韓] 항전하다 [抗戰하다]

[中] 抗战 (kàng zhàn)

[例] 抗战到底。
끝까지 항전하다.

---

613 - 한중 동형 동의어

[韓] 항해하다 [航海하다]

[中] 航海 (háng hǎi)

[例] 海上天气不好时最好不要航海。
바다 날씨가 나쁠 때는 항해하지 않는 게 최선이다.

614 - 한중 동형 동의어

韓 해결하다 [解決하다]

中 解决 (jiě jué)

例 解决问题。
문제를 해결하다.

---

615 - 한중 동형 동의어

韓 해산하다 [解散하다]

中 解散 (jiě sàn)

例 命令军人迅速解散。
군인들에게 신속히 해산하라고 명령하였다.

---

616 - 한중 동형 동의어

韓 해설하다 [解說하다]

中 解说 (jiě shuō)

例 解说电影场景。
영화의 장면을 해설하다.

617 - 한중 동형 동의어

[韓] 행동하다 [行動하다]

[中] 行动 (xíng dòng)

[例] 我们班同学要一起上山, 不准任意行动。
우리 반 학우들이 모두 함께 등산하기에 개인적으로 행동해서는 아니 된다.

---

618 - 한중 동형 동의어

[韓] 행사하다 [行使하다]

[中] 行使 (xíng shǐ)

[例] 行使职权。
권한을 행사하다.

---

619 - 한중 동형 동의어

[韓] 향상하다 [向上하다]

[中] 向上 (xiàng shàng)

[例] 技术水平逐年向上。
기술 수준이 매년 향상하고 있다.

620 - 한중 동형 동의어

韓 헌혈하다 [獻血하다]

中 献血 (xiàn xiě)

例 很多人要求为严重受伤的工人献血。
많은 사람들이 크게 다친 근로자를 위해 헌혈하게 해달라고 요구했다.

---

621 - 한중 동형 동의어

韓 헌화하다 [獻花하다]

中 献花 (xiàn huā)

例 我们进城那天, 人们在街道两旁献花。
우리가 입성하던 그날, 사람들이 길 양쪽에서 헌화했다.

---

622 - 한중 동형 동의어

韓 협동하다 [協同하다]

中 协同 (xié tóng)

例 要成功就得协同办理。
성공하려면 협동해서 처리해야 한다.

623 - 한중 동형 동의어

🇰🇷 협박하다 [脅迫하다]

🇨🇳 胁迫 (xié pò)

📝 拿经济上的弱点来胁迫他。
경제적인 약점을 가지고 그를 협박하다.

---

624 - 한중 동형 동의어

🇰🇷 협의하다 [協議하다]

🇨🇳 协议 (xié yì)

📝 公司的主管们正在开会协议如何度过这次难关。
회사 중책들이 회의를 열어 이번의 난관을 어떻게 극복할 것인가에 대해 협의하고 있다.

---

625 - 한중 동형 동의어

🇰🇷 협조하다 [協助하다]

🇨🇳 协助 (xié zhù)

📝 副校长的职责是协助校长开展工作。
부총장의 직책은 총장을 협조하여 업무를 추진하는 것이다.

626 - 한중 동형 동의어

- 韓 호응하다 [呼應하다]
- 中 呼应 (hū yìng)
- 例 以热烈掌声呼应舞台上的演出。
  열렬한 박수로 무대 위의 공연에 호응하였다.

---

627 - 한중 동형 동의어

- 韓 호흡하다 [呼吸하다]
- 中 呼吸 (hū xī)
- 例 鱼用鳃呼吸。
  물고기는 아가미로 호흡한다.

---

628 - 한중 동형 동의어

- 韓 혼합하다 [混合하다]
- 中 混合 (hùn hé)
- 例 把水和酒精混合起来。
  물과 알코올을 혼합하다.

629 - 한중 동형 동의어

[韓] 화친하다 [和親하다]

[中] 和亲 (hé qīn)

[例] 为了免于战争与邻国和亲。
전쟁을 피하기 위해 이웃 나라와 화친하다.

---

630 - 한중 동형 동의어

[韓] 화해하다 [和解하다]

[中] 和解 (hé jiě)

[例] 使争吵的双方和解。
다툼이 있는 쌍방을 화해하게 하다.

---

631 - 한중 동형 동의어

[韓] 확대하다 [擴大하다]

[中] 扩大 (kuò dà)

[例] 扩大政治影响力。
정치적 영향력을 확대하다.

632 - 한중 동형 동의어

韓 확립하다 [確立하다]

中 确立 (què lì)

例 确立坚定的信念。
확고한 신념을 확립하다.

---

633 - 한중 동형 동의어

韓 확보하다 [確保하다]

中 确保 (què bǎo)

例 确保稳定的生产系统。
안정적인 생산 시스템을 확보하다.

---

634 - 한중 동형 동의어

韓 확인하다 [確認하다]

中 确认 (què rèn)

例 这份协议书法院确认之后即可生效。
이 협의서는 법원이 확인하면 바로 효력이 발생한다.

635 - 한중 동형 동의어

韓 확장하다 [擴張하다]

中 扩张 (kuò zhāng)

例 扩张领土。
영토를 확장하다.

---

636 - 한중 동형 동의어

韓 확정하다 [確定하다]

中 确定 (què dìng)

例 确定了开会的日期和地点。
개회 날짜와 장소를 확정하였다.

---

637 - 한중 동형 동의어

韓 환산하다 [換算하다]

中 换算 (huàn suàn)

例 换算成米。
미터로 환산하다.

638 - 한중 동형 동의어

🇰 환영하다 [歡迎하다]

🇨 欢迎 (huān yíng)

例 欢迎所有参加这次比赛的球队。
이번 경기에 참가하는 모든 팀을 환영한다.

---

639 - 한중 동형 동의어

🇰 활동하다 [活動하다]

🇨 活动 (huó dòng)

例 大会结束后可以自由活动。
대회가 끝나면 자유롭게 활동할 수 있다.

---

640 - 한중 동형 동의어

🇰 활약하다 [活躍하다]

🇨 活跃 (huó yuè)

例 他们活跃在话剧舞台。
그들은 연극 무대에서 활약하고 있다.

641 - 한중 동형 동의어

- 韓 활용하다 [活用하다]
- 中 活用 (huó yòng)
- 例 要懂得活用所学的知识。
  배운 지식을 활용하는 것을 알아야 한다.

---

642 - 한중 동형 동의어

- 韓 회복하다 [恢復하다]
- 中 恢复 (huī fù)
- 例 恢复健康。
  건강을 회복하다.

---

643 - 한중 동형 동의어

- 韓 회상하다 [回想하다]
- 中 回想 (huí xiǎng)
- 例 回想往事。
  지난 일을 회상하다.

644 - 한중 동형 동의어

[韓] 회신하다 [回信하다]

[中] 回信 (huí xìn)

[例] 虽然很忙，但还是回信了。
아주 바빴지만 회신하였다.

---

645 - 한중 동형 동의어

[韓] 획득하다 [獲得하다]

[中] 获得 (huò dé)

[例] 韩国队获得了金牌。
한국 팀이 금메달을 획득하였다.

---

646 - 한중 동형 동의어

[韓] 후퇴하다 [後退하다]

[中] 后退 (hòu tuì)

[例] 遇到强大的敌人，不得不后退。
강력한 적을 만나서 부득불 후퇴했다.

647 - 한중 동형 동의어

[韓] 후회하다 [後悔하다]

[中] 后悔 (hòu huǐ)

[例] 后悔过去没有好好学习。
과거에 열심히 공부하지 않았던 것을 후회한다.

---

648 - 한중 동형 동의어

[韓] 훈련하다 [訓練하다]

[中] 训练 (xùn liàn)

[例] 为下一场比赛加紧训练。
다음 시합을 위해 박차를 가해 훈련한다.

---

649 - 한중 동형 동의어

[韓] 흡수하다 [吸收하다]

[中] 吸收 (xī shōu)

[例] 吸收太阳热。
태양열을 흡수하다.

【분석】 중국어에서 '吸收'는 한국 한자어 '吸收하다'와 동일한 의미로 사용되는 외에 '1) 사상 따위를 받아들이다, 2) 조직 혹은 단체가 개인을 구성원으로 받아들이다.'의 의미로도 사용됨에 유의해야 한다.

650 - 한중 동형 동의어

韓 흥분하다 [興奮하다]

中 兴奋 (xīng fèn)

例 兴奋得连饭都忘了吃。
흥분해서 밥 먹는 것도 잊었다.

---

651 - 한중 동형 동의어

韓 희망하다 [希望하다]

中 希望 (xī wàng)

例 他从小就希望做一个律师。
그는 어려서부터 변호사가 되기를 희망했다.

---

652 - 한중 동형 동의어

韓 희생하다 [犧牲하다]

中 牺牲 (xī shēng)

例 在这场战争中有很多士兵牺牲了。
이 전쟁에서 많은 병사들이 희생하였다.

2. 한중 어휘 가나다별 총 색인

한국어	중국어	암기
🇰🇷가공하다 [加工하다]	🇨🇳加工 jiā gōng	
🇰🇷가설하다 [架設하다]	🇨🇳架设 jià shè	
🇰🇷가열하다 [加熱하다]	🇨🇳加热 jiā rè	
🇰🇷가입하다 [加入하다]	🇨🇳加入 jiā rù	
🇰🇷가정하다 [假定하다]	🇨🇳假定 jiǎ dìng	
🇰🇷각오하다 [覺悟하다]	🇨🇳觉悟 jué wù	
🇰🇷간섭하다 [干涉하다]	🇨🇳干涉 gān shè	
🇰🇷간청하다 [懇請하다]	🇨🇳恳请 kěn qǐng	
🇰🇷간행하다 [刊行하다]	🇨🇳刊行 kān xíng·发行 fā xíng	
🇰🇷간호하다 [看護하다]	🇨🇳看护 kān hù	
🇰🇷갈구하다 [渴求하다]	🇨🇳渴求 kě qiú	
🇰🇷감격하다 [感激하다]	🇨🇳感激 gǎn jī	
🇰🇷감동하다 [感動하다]	🇨🇳感动 gǎn dòng	
🇰🇷감사하다 [感謝하다]	🇨🇳感谢 gǎn xiè	
🇰🇷감상하다 [鑑賞하다]	🇨🇳鉴赏 jiàn shǎng	
🇰🇷감시하다 [監視하다]	🇨🇳监视 jiān shì	
🇰🇷감탄하다 [感歎하다]	🇨🇳感叹 gǎn tàn	
🇰🇷감화하다 [感化하다]	🇨🇳感化 gǎn huà	
🇰🇷강조하다 [强調하다]	🇨🇳强调 qiáng diào	
🇰🇷강화하다 [强化하다]	🇨🇳强化 qiáng huà	
🇰🇷개간하다 [開墾하다]	🇨🇳开垦 kāi kěn	
🇰🇷개량하다 [改良하다]	🇨🇳改良 gǎi liáng	
🇰🇷개발하다 [開發하다]	🇨🇳开发 kāi fā	
🇰🇷개방하다 [開放하다]	🇨🇳开放 kāi fàng	
🇰🇷개선하다 [改善하다]	🇨🇳改善 gǎi shàn	
🇰🇷개시하다 [開始하다]	🇨🇳开始 kāi shǐ	
🇰🇷개의하다 [介意하다]	🇨🇳介意 jiè yì	

한 개정하다 [改正하다]	中 改正 gǎi zhèng	
한 개척하다 [開拓하다]	中 开拓 kāi tuò	
한 개탄하다 [慨歎하다]	中 慨叹 kǎi tàn	
한 개통하다 [開通하다]	中 开通 kāi tōng	
한 개학하다 [開學하다]	中 开学 kāi xué	
한 개혁하다 [改革하다]	中 改革 gǎi gé	
한 개화하다 [開化하다]	中 开化 kāi huà	
한 거절하다 [拒絕하다]	中 拒绝 jù jué	
한 거처하다 [居處하다]	中 居处 jū chǔ	
한 거행하다 [擧行하다]	中 举行 jǔ xíng	
한 건국하다 [建國하다]	中 建国 jiàn guó	
한 건립하다 [建立하다]	中 建立 jiàn lì	
한 건설하다 [建設하다]	中 建设 jiàn shè	
한 건의하다 [建議하다]	中 建议 jiàn yì	
한 검사하다 [檢査하다]	中 检查 jiǎn chá	
한 검열하다 [檢閱하다]	中 检阅 jiǎn yuè	
한 검토하다 [檢討하다]	中 检讨 jiǎn tǎo	
한 격려하다 [激勵하다]	中 激励 jī lì·鼓励 gǔ lì	
한 격퇴하다 [擊退하다]	中 击退 jī tuì	
한 결단하다 [決斷하다]	中 决断 jué duàn	
한 결산하다 [決算하다]	中 决算 jué suàn	
한 결석하다 [缺席하다]	中 缺席 quē xí	
한 결심하다 [決心하다]	中 决心 jué xīn	
한 결정하다 [決定하다]	中 决定 jué dìng	
한 결혼하다 [結婚하다]	中 结婚 jié hūn	
한 겸하다 [兼하다]	中 兼 jiān	
한 경계하다 [警戒하다]	中 警戒 jǐng jiè	
한 경례하다 [敬禮하다]	中 敬礼 jìng lǐ	
한 경영하다 [經營하다]	中 经营 jīng yíng	
한 경쟁하다 [競爭하다]	中 竞争 jìng zhēng	
한 경주하다 [競走하다]	中 竞走 jìng zǒu	

한국어	중국어	
韓 경축하다 [慶祝하다]	⊞ 庆祝 qìng zhù	
韓 경험하다 [經驗하다]	⊞ 经验 jīng yàn·经受 jīng shòu·经历 jīng lì	
韓 계발하다 [啓發하다]	⊞ 启发 qǐ fā	
韓 계산하다 [計算하다]	⊞ 计算 jì suàn	
韓 계속하다 [繼續하다]	⊞ 继续 jì xù	
韓 계승하다 [繼承하다]	⊞ 继承 jì chéng	
韓 계획하다 [計劃하다]	⊞ 计划 jì huà	
韓 고려하다 [考慮하다]	⊞ 考虑 kǎo lǜ	
韓 고민하다 [苦悶하다]	⊞ 苦闷 kǔ mèn·苦恼 kǔ nǎo	
韓 고백하다 [告白하다]	⊞ 告白 gào bái	
韓 고안하다 [考案하다]	⊞ 考案 kǎo àn	
韓 고집하다 [固執하다]	⊞ 固执 gù zhí	
韓 골몰하다 [汨沒하다]	⊞ 汨没 gǔ mò	
韓 공격하다 [攻擊하다]	⊞ 攻击 gōng jī	
韓 공경하다 [恭敬하다]	⊞ 恭敬 gōng jìng	
韓 공급하다 [供給하다]	⊞ 供给 gōng jǐ·供应 (gōng yìng)	
韓 공포하다 [公布하다]	⊞ 公布 gōng bù	
韓 과시하다 [誇示하다]	⊞ 夸示 kuā shì·夸耀 kuā yào	
韓 과장하다 [誇張하다]	⊞ 夸张 kuā zhang·夸大 kuā dà	
韓 관람하다 [觀覽하다]	⊞ 观览 guān lǎn	
韓 관리하다 [管理하다]	⊞ 管理 guǎn lǐ	
韓 관찰하다 [觀察하다]	⊞ 观察 guān chá	
韓 관측하다 [觀測하다]	⊞ 观测 guān cè	
韓 관통하다 [貫通하다]	⊞ 贯通 guàn tōng	
韓 광복하다 [光復하다]	⊞ 光复 guāng fù	
韓 광분하다 [狂奔하다]	⊞ 狂奔 kuáng bēn	
韓 교대하다 [交代하다]	⊞ 交代 jiāo dài	
韓 교제하다 [交際하다]	⊞ 交际 jiāo jì	

韓 구걸하다 [求乞하다]	中 求乞 qiú qǐ	
韓 구매하다 [購買하다]	中 购买 gòu mǎi	
韓 구별하다 [區別하다]	中 区别 qū bié	
韓 구분하다 [區分하다]	中 区分 qū fēn	
韓 구상하다 [構想하다]	中 构想 gòu xiǎng	
韓 구성하다 [構成하다]	中 构成 gòu chéng	
韓 구속하다 [拘束하다]	中 拘束 jū shù	
韓 구원하다 [救援하다]	中 救援 jiù yuán	
韓 구제하다 [救濟하다]	中 救济 jiù jì	
韓 구하다 [救하다]	中 救 jiù	
韓 구하다 [求하다]	中 求 qiú	'
韓 구호하다 [救護하다]	中 救护 jiù hù	
韓 굴복하다 [屈伏하다]	中 屈 qū	
韓 권유하다 [勸誘하다]	中 劝诱 quàn yòu· 劝导 quàn dǎo· 劝说 quàn shuō· 劝告 quàn gào	
韓 권하다 [勸하다]	中 劝 quàn	
韓 귀국하다 [歸國하다]	中 归国 guī guó·回国 huí guó	
韓 귀순하다 [歸順하다]	中 归顺 guī shùn	
韓 규정하다 [規定하다]	中 规定 guī dìng	
韓 극복하다 [克服하다]	中 克服 kè fú	
韓 근무하다 [勤務하다]	中 勤务 qín wù	
韓 금지하다 [禁止하다]	中 禁止 jìn zhǐ	
韓 금하다 [禁하다]	中 禁 jìn	
韓 기념하다 [紀念하다]	中 纪念 jì niàn	
韓 기도하다 [祈禱하다]	中 祈祷 qí dǎo	
韓 기록하다 [記錄하다]	中 记录 jì lù	
韓 기생하다 [寄生하다]	中 寄生 jì shēng	
韓 기억하다 [記憶하다]	中 记忆 jì yì	
韓 기획하다 [企劃하다]	中 企划 qǐ huà	

韓	中	
나열하다 [羅列하다]	罗列 luó liè	
나포하다 [拿捕하다]	拿捕 ná bǔ	
낙방하다 [落榜하다]	落榜 luò bǎng	
낭독하다 [朗讀하다]	朗读 lǎng dú	
낭비하다 [浪費하다]	浪费 làng fèi	
내왕하다 [來往하다]	来往 lái wǎng	
냉대하다 [冷待하다]	冷待 lěng dài · 冷落 (lěng luò)	
노력하다 [努力하다]	努力 nǔ lì	
노하다 [怒하다]	怒 nù	
녹음하다 [錄音하다]	录音 lù yīn	
단결하다 [團結하다]	团结 tuán jié	
단념하다 [斷念하다]	断念 duàn niàn	
달성하다 [達成하다]	达成 dá chéng	
담당하다 [擔當하다]	担当 dān dāng	
담판하다 [談判하다]	谈判 tán pàn	
답하다 [答하다]	答 dá	
당면하다 [當面하다]	当面 dāng miàn	
대답하다 [對答하다]	对答 (duì dá) · 回答 (huí dá)	
대립하다 [對立하다]	对立 duì lì	
대우하나 [待遇하다]	待遇 dài yù	
대조하다 [對照하다]	对照 duì zhào	
대표하다 [代表하다]	代表 dài biǎo	
대피하다 [待避하다]	待避 dài bì	
대항하다 [對抗하다]	对抗 duì kàng	
대화하다 [對話하다]	对话 duì huà	
도굴하다 [盜掘하다]	盗掘 dào jué	
도달하다 [到達하다]	到达 dào dá	
도망하다 [逃亡하다]	逃亡 táo wáng	
도모하다 [圖謀하다]	图谋 tú móu	
도전하다 [挑戰하다]	挑战 tiǎo zhàn	
독립하다 [獨立하다]	独立 dú lì	

한 독서하다 [讀書하다]	中 读书 dú shū	
한 돌파하다 [突破하다]	中 突破 tū pò	
한 동경하다 [憧憬하다]	中 憧憬 chōng jǐng	
한 동요하다 [動搖하다]	中 动摇 dòng yáo	
한 동원하다 [動員하다]	中 动员 dòng yuán	
한 동정하다 [同情하다]	中 同情 tóng qíng	
한 등산하다 [登山하다]	中 登山 dēng shān	
한 등용하다 [登用하다]	中 登用 dēng yòng· 录用 lù yòng	
한 등장하다 [登場하다]	中 登场 dēng chǎng	
한 망명하다 [亡命하다]	中 亡命 wáng mìng	
한 매장하다 [埋葬하다]	中 埋葬 mái zàng	
한 맹세하다 [盟誓하다]	中 盟誓 méng shì· 发誓 fā shì	
한 멸망하다 [滅亡하다]	中 灭亡 miè wáng	
한 멸시하다 [蔑視하다]	中 蔑视 miè shì· 藐视 miǎo shì	
한 명령하다 [命令하다]	中 命令 mìng lìng	
한 명심하다 [銘心하다]	中 铭心 míng xīn	
한 명하다 [命하다]	中 命 mìng	
한 모독하다 [冒瀆하다]	中 冒渎 mào dú	
한 모방하다 [模倣하다]	中 模仿 mó fǎng· 效仿 xiào fǎng· 仿效 fǎng xiào	
한 모집하다 [募集하다]	中 募集 mù jí	
한 묘사하다 [描寫하다]	中 描写 miáo xiě	
한 무고하다 [誣告하다]	中 诬告 wū gào	
한 무시하다 [無視하다]	中 无视 wú shì	
한 무장하다 [武裝하다]	中 武装 wǔ zhuāng	
한 묵념하다 [黙念하다]	中 默念 mò niàn	
한 문안하다 [問安하다]	中 问安 wèn ān	
한 박수하다 [拍手하다]	中 拍手 pāi shǒu	
한 박탈하다 [剝奪하다]	中 剥夺 bō duó	

반대하다 [反對하다]	反对 fǎn duì	
반문하다 [反問하다]	反问 fǎn wèn	
반복하다 [反復하다]	反复 fǎn fù	
반사하다 [反射하다]	反射 fǎn shè	
반성하다 [反省하다]	反省 fǎn xǐng	
반영하다 [反映하다]	反映 fǎn yìng	
반응하다 [反應하다]	反应 fǎn yìng	
반출하다 [搬出하다]	搬(出) bān chū	
반포하다 [頒布하다]	颁布 bān bù·发布 fā bù	
반항하다 [反抗하다]	反抗 fǎn kàng·抗拒 kàng jù	
발굴하다 [發掘하다]	发掘 fā jué	
발달하다 [發達하다]	发达 fā dá	
발명하다 [發明하다]	发明 fā míng	
발사하다 [發射하다]	发射 fā shè	
발생하다 [發生하다]	发生 fā shēng	
발언하다 [發言하다]	发言 fā yán	
발음하다 [發音하다]	发音 fā yīn	
발전하다 [發展하다]	发展 fā zhǎn	
발표하다 [發表하다]	发表 fā biǎo	
발행하다 [發行하다]	发行 fā xíng	
발효하다 [醱酵하다]	发酵 fā jiào	
발휘하다 [發揮하다]	发挥 fā huī	
방문하다 [訪問하다]	访问 fǎng wèn	
방어하다 [防禦하다]	防御 fáng yù	
방영하다 [放映하다]	放映 fàng yìng	
방지하다 [防止하다]	防止 fáng zhǐ	
방출하다 [放出하다]	放(出) fàng chū	
방황하다 [彷徨하다]	彷徨 páng huáng	
배반하다 [背叛하다]	背叛 bèi pàn	
배설하다 [排泄하다]	排泄 pái xiè	
배신하다 [背信하다]	背信 bèi xìn	

배척하다 [排斥하다]	排斥 pái chì	
번성하다 [繁盛하다]	繁盛 fán shèng· 繁荣 fán róng	
번식하다 [繁殖하다]	繁殖 fán zhí	
번역하다 [飜譯하다]	翻译 fān yì	
번영하다 [繁榮하다]	繁荣 fán róng· 繁盛 fán shèng	
범람하다 [氾濫하다]	泛滥 fàn làn	
범하다 [犯하다]	犯 fàn	
변주하다 [變奏하다]	变奏 biàn zòu	
변질하다 [變質하다]	变质 biàn zhì	
변하다 [變하다]	变 biàn	
변화하다 [變化하다]	变化 biàn huà	
보고하다 [報告하다]	报告 bào gào	
보관하다 [保管하다]	保管 bǎo guǎn	
보급하다 [普及하다]	普及 pǔ jí	
보답하다 [報答하다]	报答 bào dá	
보도하다 [報道하다]	报道 bào dào	
보우하다 [保佑하다]	保佑 bǎo yòu	
보장하다 [保障하다]	保障 bǎo zhàng	
보전하다 [保全하다]	保全 bǎo quán	
보존하다 [保存하다]	保存 bǎo cún	
보충하다 [補充하다]	补充 bǔ chōng	
보호하다 [保護하다]	保护 bǎo hù	
복습하다 [復習하다]	复习 fù xí	
복종하다 [服從하다]	服从 fú cóng	
부담하다 [負擔하다]	负担 fù dān	
부상하다 [負傷하다]	负伤 fù shāng· 受伤 shòu shāng	
부인하다 [否認하다]	否认 fǒu rèn	
부정하다 [否定하다]	否定 fǒu dìng	

韓 부화하다 [孵化하다]	中 孵化 fū huà	
韓 부활하다 [復活하다]	中 复活 fù huó	
韓 분노하다 [憤怒하다]	中 愤怒 fèn nù	
韓 분담하다 [分擔하다]	中 分担 fēn dān	
韓 분류하다 [分類하다]	中 分类 fēn lèi	
韓 분리하다 [分離하다]	中 分离 fēn lí	
韓 분별하다 [分別하다]	中 分别 fēn bié	
韓 분산하다 [分散하다]	中 分散 fēn sàn	
韓 분쇄하다 [粉碎하다]	中 粉碎 fěn suì	
韓 분열하다 [分裂하다]	中 分裂 fēn liè	
韓 분장하다 [扮裝하다]	中 扮装 bàn zhuāng	
韓 분투하다 [奮鬪하다]	中 奋斗 fèn dòu	
韓 분포하다 [分布하다]	中 分布 fēn bù	
韓 분해하다 [分解하다]	中 分解 fēn jiě	
韓 분해하다 [分解하다]	中 分解 fēn jiě	
韓 분화하다 [分化하다]	中 分化 fēn huà	
韓 불변하다 [不變하다]	中 不变 bú biàn	
韓 비교하다 [比較하다]	中 比较 bǐ jiào	
韓 비례하다 [比例하다]	中 比例 bǐ lì	
韓 비유하다 [比喩하다]	中 比喻 bǐ yù	
韓 비치하다 [備置하다]	中 备置 bèi zhì	
韓 비하다 [比하다]	中 比 bǐ	
韓 비행하다 [飛行하다]	中 飞行 fēi xíng	
韓 사살하다 [射殺하다]	中 射杀 shè shā	
韓 사수하다 [死守하다]	中 死守 sǐ shǒu	
韓 사수하다 [死守하다]	中 死守 sǐ shǒu	
韓 사양하다 [辭讓하다]	中 辞让 cí ràng·推让 tuī ràng	
韓 사용하다 [使用하다]	中 使用 shǐ yòng	
韓 사죄하다 [謝罪하다]	中 谢罪 xiè zuì	
韓 살생하다 [殺生하다]	中 杀生 shā shēng	
韓 살해하다 [殺害하다]	中 杀害 shā hài	

韓상당하다 [相當하다]	中相当 xiāng dāng	
韓상대하다 [相對하다]	中相对 xiāng duì	
韓상상하다 [想像하다]	中想像 xiǎng xiàng	
韓상연하다 [上演하다]	中上演 shàng yǎn	
韓상영하다 [上映하다]	中上映 shàng yìng	
韓상의하다 [商議하다]	中商议 shāng yì	
韓상징하다 [象徵하다]	中象征 xiàng zhēng	
韓상하다 [傷하다]	中伤 shāng	
韓생략하다 [省略하다]	中省略 shěng lüè	
韓생활하다 [生活하다]	中生活 shēng huó	
韓석방하다 [釋放하다]	中释放 shì fàng	
韓선고하다 [宣告하다]	中宣告 xuān gào	
韓선언하다 [宣言하다]	中宣言 xuān yán	
韓선전하다 [宣傳하다]	中宣传 xuān chuán	
韓선정하다 [選定하다]	中选定 xuǎn dìng	
韓선택하다 [選擇하다]	中选择 xuǎn zé	
韓선포하다 [宣布하다]	中宣布 xuān bù	
韓설계하다 [設計하다]	中设计 shè jì	
韓설립하다 [設立하다]	中设立 shè lì	
韓설명하다 [說明하다]	中说明 shuō míng	
韓설치하다 [設置하다]	中设置 shè zhì	
韓섬멸하다 [殲滅하다]	中歼灭 jiān miè	
韓섭취하다 [攝取하다]	中摄取 shè qǔ	
韓성공하다 [成功하다]	中成功 chéng gōng	
韓성립하다 [成立하다]	中成立 chéng lì	
韓성장하다 [成長하다]	中成长 chéng zhǎng	
韓성취하다 [成就하다]	中成就 chéng jiù	
韓성행하다 [盛行하다]	中盛行 shèng xíng	
韓소독하다 [消毒하다]	中消毒 xiāo dú	
韓소모하다 [消耗하다]	中消耗 xiāo hào	
韓소비하다 [消費하다]	中消费 xiāo fèi	

한 소생하다 [蘇生하다]	중 苏生 sū shēng	
한 소유하다 [所有하다]	중 所有 suǒ yǒu	
한 소탕하다 [掃蕩하다]	중 扫荡 sǎo dàng	
한 소화하다 [消化하다]	중 消化 xiāo huà	
한 속하다 [屬하다]	중 属 shǔ	
한 수도하다 [修道하다]	중 修道 xiū dào	
한 수리하다 [修理하다]	중 修理 xiū lǐ	
한 수립하다 [樹立하다]	중 树立 shù lì	
한 수복하다 [收復하다]	중 收复 shōu fù	
한 수비하다 [守備하다]	중 守备 shǒu bèi	
한 수색하다 [搜索하다]	중 搜索 sōu suǒ	
한 수송하다 [輸送하다]	중 输送 shū sòng	
한 수습하다 [收拾하다]	중 收拾 shōu shi	
한 수입하다 [輸入하다]	중 输入 shū rù	
한 수정하다 [修正하다]	중 修正 xiū zhèng	
한 수집하다 [收集하다]	중 收集 shōu jí	
한 수출하다 [輸出하다]	중 输出 shū chū·出口 chū kǒu	
한 수행하다 [隨行하다]	중 随行 suí xíng	
한 수호하다 [守護하다]	중 守护 shǒu hù	
한 수확하다 [收穫하다]	중 收获 shōu huò	
한 순국하다 [殉國하다]	중 殉国 xùn guó	
한 순시하다 [巡視하다]	중 巡视 xún shì	
한 순찰하다 [巡察하다]	중 巡察 xún chá	
한 순회하다 [巡廻하다]	중 巡回 xún huí	
한 숭배하다 [崇拜하다]	중 崇拜 chóng bài	
한 숭상하다 [崇尚하다]	중 崇尚 chóng shàng	
한 승낙하다 [承諾하다]	중 承诺 chéng nuò	
한 승인하다 [承認하다]	중 承认 chéng rèn	
한 시위하다 [示威하다]	중 示威 shì wēi	
한 시험하다 [試驗하다]	중 试验 shì yàn	
한 식별하다 [識別하다]	중 识别 shí bié	

韓 신뢰하다 [信賴하다]	中 信赖 xìn lài	
韓 신음하다 [呻吟하다]	中 呻吟 shēn yín	
韓 실망하다 [失望하다]	中 失望 shī wàng	
韓 실수하다 [失手하다]	中 失手 shī shǒu	
韓 실시하다 [實施하다]	中 实施 shí shī	
韓 실천하다 [實踐하다]	中 实践 shí jiàn	
韓 실패하다 [失敗하다]	中 失败 shī bài	
韓 실행하다 [實行하다]	中 实行 shí xíng	
韓 실현하다 [實現하다]	中 实现 shí xiàn	
韓 심문하다 [審問하다]	中 审问 shěn wèn	
韓 심의하다 [審議하다]	中 审议 shěn yì	
韓 심판하다 [審判하다]	中 审判 shěn pàn	
韓 안심하다 [安心하다]	中 安心 ān xīn	
韓 안정하다 [安定하다]	中 安定 ān dìng	
韓 암시하다 [暗示하다]	中 暗示 àn shì	
韓 압도하다 [壓倒하다]	中 压倒 yā dǎo	
韓 애호하다 [愛好하다]	中 爱好 ài hào	
韓 약진하다 [躍進하다]	中 跃进 yuè jìn	
韓 양보하다 [讓步하다]	中 让步 ràng bù	
韓 양성하다 [養成하다]	中 养成 yǎng chéng	
韓 양식하다 [養殖하다]	中 养殖 yǎng zhí	
韓 억제하다 [抑制하다]	中 抑制 yì zhì	
韓 엄금하다 [嚴禁하다]	中 严禁 yán jìn	
韓 엄습하다 [掩襲하다]	中 掩袭 yǎn xí	
韓 연결하다 [連結하다]	中 连结 lián jié	
韓 연구하다 [研究하다]	中 研究 yán jiū	
韓 연락하다 [連絡하다]	中 连络 lián luò	
韓 연상하다 [聯想하다]	中 联想 lián xiǎng	
韓 연습하다 [練習하다]	中 练习 liàn xí	
韓 연장하다 [延長하다]	中 延长 yán cháng	
韓 연합하다 [聯合하다]	中 联合 lián hé	

한	중	
열중하다 [熱中하다]	热中 rè zhōng	
예고하다 [豫告하다]	预告 yù gào	
예방하다 [豫防하다]	预防 yù fáng	
예습하다 [豫習하다]	预习 yù xí	
예정하다 [豫定하다]	预定 yù dìng	
오해하다 [誤解하다]	误解 wù jiě	
완공하다 [完工하다]	完工 wán gōng	
완성하다 [完成하다]	完成 wán chéng	
왕래하다 [往來하다]	往来 wǎng lái	
외출하다 [外出하다]	外出 wài chū	
요구하다 [要求하다]	要求 yāo qiú	
요양하다 [療養하다]	疗养 liáo yǎng	
용납하다 [容納하다]	容纳 róng nà	
용해하다 [溶解하다]	溶解 róng jiě	
우대하다 [優待하다]	优待 yōu dài	
우승하다 [優勝하다]	优胜 yōu shèng	
운동하다 [運動하다]	运动 yùn dòng	
운송하다 [運送하다]	运送 yùn sòng	
원조하다 [援助하다]	援助 yuán zhù	
원하다 [願하다]	愿 yuàn	
위로하다 [慰勞하다]	慰劳 wèi láo	
위문하다 [慰問하다]	慰问 wèi wèn	
위협하다 [威脅하다]	威胁 wēi xié	
유의하다 [留意하다]	留意 liú yì	
유지하다 [維持하다]	维持 wéi chí	
유통하다 [流通하다]	流通 liú tōng	
유혹하다 [誘惑하다]	诱惑 yòu huò	
응시하다 [凝視하다]	凝视 níng shì	
응용하다 [應用하다]	应用 yìng yòng	
응하다 [應하다]	应 yìng	
의식하다 [意識하다]	意识 yì shí	

韓 의심하다 [疑心하다]	中 疑心 yí xīn	
韓 의하다 [依하다]	中 依 yī	
韓 이동하다 [移動하다]	中 移动 yí dòng	
韓 이별하다 [離別하다]	中 离别 lí bié 分别 fēn bié	
韓 이용하다 [利用하다]	中 利用 lì yòng	
韓 이해하다 [理解하다]	中 理解 lǐ jiě	
韓 이행하다 [履行하다]	中 履行 lǚ xíng	
韓 인도하다 [引導하다]	中 引导 yǐn dǎo	
韓 인쇄하다 [印刷하다]	中 印刷 yìn shuā	
韓 인식하다 [認識하다]	中 认识 rèn shi	
韓 인용하다 [引用하다]	中 引用 yǐn yòng	
韓 인정하다 [認定하다]	中 认定 rèn dìng	
韓 일치하다 [一致하다]	中 一致 yī zh	
韓 임명하다 [任命하다]	中 任命 rèn mìng	
韓 임하다 [臨하다]	中 临 lín	
韓 입장하다 [入場하다]	中 入场 rù chǎng	
韓 입학하다 [入學하다]	中 入学 rù xué	
韓 자각하다 [自覺하다]	中 自觉 zì jué	
韓 자급하다 [自給하다]	中 自给 zì jǐ	
韓 자수하다 [自首하다]	中 自首 zì shǒu	
韓 자족하다 [自足하다]	中 自足 zì zú	
韓 자칭하다 [自稱하다]	中 自称 zì chēng	
韓 작곡하다 [作曲하다]	中 作曲 zuò qǔ	
韓 작용하다 [作用하다]	中 作用 zuò yòng	
韓 장려하다 [獎勵하다]	中 奖励 jiǎng lì	
韓 장식하다 [裝飾하다]	中 装饰 zhuāng shì	
韓 장치하다 [裝置하다]	中 装置 zhuāng zhì	
韓 재배하다 [栽培하다]	中 栽培 zāi péi	
韓 저장하다 [貯藏하다]	中 贮藏 zhù cáng	
韓 저항하다 [抵抗하다]	中 抵抗 dǐ kàng	
韓 적용하다 [適用하다]	中 适用 shì yòng	

韓 적응하다 [適應하다]	中 适应 shì yìng	
韓 전개하다 [展開하다]	中 展开 zhǎn kāi	
韓 전달하다 [傳達하다]	中 传达 chuán dá	
韓 전송하다 [傳送하다]	中 传送 chuán sòng	
韓 전시하다 [展示하다]	中 展示 zhǎn shì	
韓 전염하다 [傳染하다]	中 传染 chuán rǎn	
韓 전진하다 [前進하다]	中 前进 qián jìn	
韓 전파하다 [傳播하다]	中 传播 chuán bō	
韓 전폐하다 [全廢하다]	中 全废 quán fèi	
韓 전하다 [傳하다]	中 传 chuán	
韓 전학하다 [轉學하다]	中 转学 zhuǎn xué	
韓 절단하다 [切斷하다]	中 切断 qiē duàn	
韓 절약하다 [節約하다]	中 节约 jié yuē·节省 jié shěng	
韓 점령하다 [占領하다]	中 占领 zhàn lǐng	
韓 접근하다 [接近하다]	中 接近 jiē jìn	
韓 접대하다 [接待하다]	中 接待 jiē dài·招待 zhāo dài	
韓 정돈하다 [整頓하다]	中 整顿 zhěng dùn	
韓 정렬하다 [整列하다]	中 整列 zhěng liè	
韓 정리하다 [整理하다]	中 整理 zhěng lǐ	
韓 정복하다 [征服하다]	中 征服 zhēng fú	
韓 정지하다 [停止하다]	中 停止 tíng zhǐ	
韓 정하다 [定하다]	中 定 dìng	
韓 정화하다 [淨化하다]	中 净化 jìng huà	
韓 제공하다 [提供하다]	中 提供 tí gōng	
韓 제시하다 [提示하다]	中 提示 tí shì	
韓 제외하다 [除外하다]	中 除外 chú wài	
韓 제의하다 [提議하다]	中 提议 tí yì	
韓 제작하다 [製作하다]	中 制作 zhì zuò	
韓 제정하다 [制定하다]	中 制定 zhì dìng	
韓 제지하다 [制止하다]	中 制止 zhì zhǐ	
韓 제창하다 [提倡하다]	中 提倡 tí chàng	

조각하다 [彫刻하다]	雕刻 diāo kè	
조리하다 [調理하다]	调理 tiáo lǐ	
조사하다 [調査하다]	调查 diào chá	
조상하다 [弔喪하다]	吊丧 diào sāng	
조절하다 [調節하다]	调节 tiáo jié	
조정하다 [調整하다]	调整 tiáo zhěng	
조종하다 [操縱하다]	操纵 cāo zòng	
조직하다 [組織하다]	组织 zǔ zhī	
조화하다 [調和하다]	调和 tiáo hé	
존경하다 [尊敬하다]	尊敬 zūn jìng	
존중하다 [尊重하다]	尊重 zūn zhòng	
종군하다 [從軍하다]	从军 cóng jūn	
종사하다 [從事하다]	从事 cóng shì	
종합하다 [綜合하다]	综合 zōng hé	
좌우하다 [左右하다]	左右 zuǒ yòu	
주의하다 [注意하다]	注意 zhù yì	
주장하다 [主張하다]	主张 zhǔ zhāng	
주재하다 [主宰하다]	主宰 zhǔ zǎi	
주저하다 [躊躇하다]	踌躇 chóu chú	
준비하다 [準備하다]	准备 zhǔn bèi	
중단하다 [中斷하다]	中断 zhōng duàn	
중시하다 [重視하다]	重视 zhòng shì	
중지하다 [中止하다]	中止 zhōng zhǐ	
즉위하다 [卽位하다]	即位 jí wèi	
증가하다 [增加하다]	增加 zēng jiā	
증강하다 [增強하다]	增强 zēng qiáng	
증명하다 [證明하다]	证明 zhèng míng	
증발하다 [蒸發하다]	蒸发 zhēng fā	
증설하다 [增設하다]	增设 zēng shè	
증진하다 [增進하다]	增进 zēng jìn	
지도하다 [指導하다]	指导 zhǐ dǎo	

한 지명하다 [指名하다]	中 指名 zhǐ míng	
한 지배하다 [支配하다]	中 支配 zhī pèi	
한 지속하다 [持續하다]	中 持续 chí xù	
한 지시하다 [指示하다]	中 指示 zhǐ shì	
한 지원하다 [支援하다]	中 支援 zhī yuán	
한 지적하다 [指摘하다]	中 指摘 zhǐ zhāi · 指责 zhǐ zé	
한 지정하다 [指定하다]	中 指定 zhǐ dìng	
한 지지하다 [支持하다]	中 支持 zhī chí	
한 지체하다 [遲滯하다]	中 迟滞 chí zhì	
한 지탱하다 [支撐하다]	中 支撑 zhī chēng	
한 지휘하다 [指揮하다]	中 指挥 zhǐ huī	
한 진군하다 [進軍하다]	中 进军 jìn jūn	
한 진동하다 [振動하다]	中 振动 zhèn dòng	
한 진찰하다 [診察하다]	中 诊察 zhěn chá	
한 진행하다 [進行하다]	中 进行 jìn xíng	
한 질식하다 [窒息하다]	中 窒息 zhì xī	
한 집중하다 [集中하다]	中 集中 jí zhōng	
한 집합하다 [集合하다]	中 集合 jí hé	
한 징집하다 [徵集하다]	中 征集 zhēng jí	
한 착륙하다 [着陸하다]	中 着陆 zhuó lù	
한 착수하다 [着手하다]	中 着手 zhuó shǒu	
한 찬성하다 [贊成하다]	中 赞成 zàn chéng	
한 찬양하다 [讚揚하다]	中 赞扬 zàn yáng	
한 참가하다 [參加하다]	中 参加 cān jiā · 加入 jiā rù	
한 참고하다 [參考하다]	中 参考 cān kǎo	
한 참배하다 [參拜하다]	中 参拜 cān bài	
한 참여하다 [參與하다]	中 参与 cān yù	
한 참작하다 [參酌하다]	中 参酌 cān zhuó	
한 참전하다 [參戰하다]	中 参战 cān zhàn	
한 창설하다 [創設하다]	中 创设 chuàng shè	
한 창조하다 [創造하다]	中 创造 chuàng zào	

265

韓 채용하다 [採用하다]	中 采用 cǎi yòng·登用 dēng yòng·录用 lù yòng	
韓 채집하다 [採集하다]	中 采集 cǎi jí	
韓 채택하다 [採擇하다]	中 采择 cǎi zé	
韓 처리하다 [處理하다]	中 处理 chǔ lǐ	
韓 처벌하다 [處罰하다]	中 处罚 chǔ fá	
韓 처형하다 [處刑하다]	中 处刑 chù xíng	
韓 청소하다 [淸掃하다]	中 清扫 qīng sǎo·扫除 sǎo chú	
韓 청원하다 [請願하다]	中 请愿 qǐng yuàn	
韓 체결하다 [締結하다]	中 缔结 dì jié	
韓 체포하다 [逮捕하다]	中 逮捕 dài bǔ	
韓 체험하다 [體驗하다]	中 体验 tǐ yàn	
韓 초과하다 [超過하다]	中 超过 chāo guò	
韓 초대하다 [招待하다]	中 招待 zhāo dài	
韓 촉진하다 [促進하다]	中 促进 cù jìn	
韓 추격하다 [追擊하다]	中 追击 zhuī jī	
韓 추구하다 [追求하다]	中 追求 zhuī qiú	
韓 추수하다 [秋收하다]	中 秋收 qiū shōu	
韓 추측하다 [推測하다]	中 推测 tuī cè	
韓 축소하다 [縮小하다]	中 缩小 suō xiǎo	
韓 축하하다 [祝賀하다]	中 祝贺 zhù hè	
韓 출가하다 [出家하다]	中 出家 chū jiā	
韓 출동하다 [出動하다]	中 出动 chū dòng	
韓 출발하다 [出發하다]	中 出发 chū fā	
韓 출전하다 [出戰하다]	中 出战 chū zhàn	
韓 출판하다 [出版하다]	中 出版 chū bǎn	
韓 충고하다 [忠告하다]	中 忠告 zhōng gào	
韓 충성하다 [忠誠하다]	中 忠诚 zhōng chéng	
韓 충천하다 [沖天하다]	中 冲天 chōng tiān	
韓 취소하다 [取消하다]	中 取消 qǔ xiāo	

취업하다 [就業하다]	就业 jiù yè	
취임하다 [就任하다]	就任 jiù rèn	
측정하다 [測定하다]	测定 cè dìng	
치료하다 [治療하다]	治疗 zhì liáo	
침략하다 [侵略하다]	侵略 qīn lüè	
침범하다 [侵犯하다]	侵犯 qīn fàn	
침입하다 [侵入하다]	侵入 qīn rù	
칭송하다 [稱頌하다]	称颂 chēng sòng	
칭찬하다 [稱讚하다]	称赞 chēng zàn	
타락하다 [墮落하다]	堕落 duò luò	
타파하다 [打破하다]	打破 dǎ pò	
타협하다 [妥協하다]	妥协 tuǒ xié	
탄복하다 [歎服하다]	叹服 tàn fú	
탄생하다 [誕生하다]	诞生 dàn shēng	
탄식하다 [歎息하다]	叹息 tàn xī	
탈취하다 [奪取하다]	夺取 duó qǔ	
탐구하다 [探求하다]	探求 tàn qiú	
탐사하다 [探査하다]	探查 tàn chá	
탐색하다 [探索하다]	探索 tàn suǒ	
탐험하다 [探險하다]	探险 tàn xiǎn	
토론하다 [討論하다]	讨论 tǎo lùn	
토벌하다 [討伐하다]	讨伐 tǎo fá	
통곡하다 [痛哭하다]	痛哭 tòng kū	
통과하다 [通過하다]	通过 tōng guò	
통근하다 [通勤하다]	通勤 tōng qín	
통분하다 [痛憤하다]	痛愤 tòng fèn	
통솔하다 [統率하다]	统率 tǒng shuài	
통신하다 [通信하다]	通信 tōng xìn	
통일하다 [統一하다]	统一 tǒng yī	
통치하다 [統治하다]	统治 tǒng zhì	
통풍하다 [通風하다]	通风 tōng fēng	

한 통화하다 [通話하다]	중 通话 tōng huà	
한 퇴장하다 [退場하다]	중 退场 tuì chǎng	
한 투자하다 [投資하다]	중 投资 tóu zī	
한 투쟁하다 [鬪爭하다]	중 斗争 dòu zhēng	
한 투표하다 [投票하다]	중 投票 tóu piào	
한 파견하다 [派遣하다]	중 派遣 pài qiǎn	
한 파괴하다 [破壞하다]	중 破坏 pò huài	
한 파손하다 [破損하다]	중 破损 pò sǔn	
한 파직하다 [罷職하다]	중 罢职 bà zhí	
한 판결하다 [判決하다]	중 判决 pàn jué	
한 판단하다 [判斷하다]	중 判断 pàn duàn	
한 판매하다 [販賣하다]	중 贩卖 fàn mài	
한 판정하다 [判定하다]	중 判定 pàn dìng	
한 팽창하다 [膨脹하다]	중 膨胀 péng zhàng	
한 편중하다 [偏重하다]	중 偏重 piān zhòng	
한 평가하다 [評價하다]	중 评价 píng jià	
한 폐쇄하다 [閉鎖하다]	중 闭锁 bì suǒ	
한 폐지하다 [廢止하다]	중 废止 fèi zhǐ	
한 포기하다 [抛棄하다]	중 抛弃 pāo qì	
한 포위하다 [包圍하다]	중 包围 bāo wéi	
한 포장하다 [包裝하다]	중 包装 bāo zhuāng	
한 포함하다 [包含하다]	중 包含 bāo hán	
한 폭로하다 [暴露하다]	중 暴露 bào lù	
한 폭발하다 [爆發하다]	중 爆发 bào fā	
한 폭파하다 [爆破하다]	중 爆破 bào pò	
한 표시하다 [表示하다]	중 表示 biǎo shì	
한 표창하다 [表彰하다]	중 表彰 biǎo zhāng	
한 표현하다 [表現하다]	중 表现 biǎo xiàn	
한 피난하다 [避難하다]	중 避难 bì nàn	
한 학살하다 [虐殺하다]	중 虐杀 nüè shā	
한 학습하다 [學習하다]	중 学习 xué xí	

韓 함락하다 [陷落하다]	中 陷落 xiàn luò	
韓 함유하다 [含有하다]	中 含有 hán yǒu	
韓 합격하다 [合格하다]	中 合格 hé gé	
韓 합계하다 [合計하다]	中 合计 hé jì	
韓 합산하다 [合算하다]	中 合算 hé suàn	
韓 합심하다 [合心하다]	中 合心 hé xīn	
韓 합주하다 [合奏하다]	中 合奏 hé zòu	
韓 합창하다 [合唱하다]	中 合唱 hé chàng	
韓 항거하다 [抗拒하다]	中 抗拒 kàng jù	
韓 항복하다 [降服하다]	中 降服 xiáng fú	
韓 항의하다 [抗議하다]	中 抗议 kàng yì	
韓 항전하다 [抗戰하다]	中 抗战 kàng zhàn	
韓 항해하다 [航海하다]	中 航海 háng hǎi	
韓 해결하다 [解決하다]	中 解决 jiě jué	
韓 해산하다 [解散하다]	中 解散 jiě sàn	
韓 해설하다 [解說하다]	中 解说 jiě shuō	
韓 행동하다 [行動하다]	中 行动 xíng dòng	
韓 행사하다 [行使하다]	中 行使 xíng shǐ	
韓 향상하다 [向上하다]	中 向上 xiàng shàng	
韓 헌혈하다 [獻血하다]	中 献血 xiàn xiě	
韓 헌화하다 [獻花하다]	中 献花 xiàn huā	
韓 협동하다 [協同하다]	中 协同 xié tóng	
韓 협박하다 [脅迫하다]	中 胁迫 xié pò	
韓 협의하다 [協議하다]	中 协议 xié yì	
韓 협조하다 [協助하다]	中 协助 xié zhù	
韓 호응하다 [呼應하다]	中 呼应 hū yìng	
韓 호흡하다 [呼吸하다]	中 呼吸 hū xī	
韓 혼합하다 [混合하다]	中 混合 hùn hé	
韓 화친하다 [和親하다]	中 和亲 hé qīn	
韓 화해하다 [和解하다]	中 和解 hé jiě	
韓 확대하다 [擴大하다]	中 扩大 kuò dà	

한 확립하다 [確立하다]	中 确立 què lì	
한 확보하다 [確保하다]	中 确保 què bǎo	
한 확인하다 [確認하다]	中 确认 què rèn	
한 확장하다 [擴張하다]	中 扩张 kuò zhāng	
한 확정하다 [確定하다]	中 确定 què dìng	
한 환산하다 [換算하다]	中 换算 huàn suàn	
한 환영하다 [歡迎하다]	中 欢迎 huān yíng	
한 활동하다 [活動하다]	中 活动 huó dòng	
한 활약하다 [活躍하다]	中 活跃 huó yuè	
한 활용하다 [活用하다]	中 活用 huó yòng	
한 회복하다 [恢復하다]	中 恢复 huī fù	
한 회상하다 [回想하다]	中 回想 huí xiǎng	
한 회신하다 [回信하다]	中 回信 huí xìn	
한 획득하다 [獲得하다]	中 获得 huò dé	
한 후퇴하다 [後退하다]	中 后退 hòu tuì	
한 후회하다 [後悔하다]	中 后悔 hòu huǐ	
한 훈련하다 [訓練하다]	中 训练 xùn liàn	
한 흡수하다 [吸收하다]	中 吸收 xī shōu	
한 흥분하다 [興奮하다]	中 兴奋 xīng fèn	
한 희망하다 [希望하다]	中 希望 xī wàng	
한 희생하다 [犧牲하다]	中 牺牲 xī shēng	

■ 최금단(崔金丹, 추이진단) 교수

중국(북경) 중앙민족대학 민족학(문화인류학·중국지역학) 학사
성균관대학교 대학원 중어중문학과(한중대조언어학) 석사·박사
현) 대진대학교 상생교양대학 교수
KBS 〈아침마당〉 중국문화 전문가 패널
한국일보 〈한국에 살면서〉 칼럼니스트
세계일보 〈한국에서 보니〉 칼럼니스트

■ 주요 저서
『한국어 단어로 배우는 중국어 단어』
『한국인은 왜 까치밥을 남길까?』
『現代 中國語와 韓國 漢字語의 對比 硏究』
『유네스코와 함께 떠나는 다문화 속담 여행』(공저)
『This is Chinese 1』(공저)
『한국어 발음 교육』(공저)
『바른 소리 - 중국어 화자를 위한 한국어 발음 습득 교재』(중국어편)
『결혼이민자를 위한 한국어 첫걸음 사랑해요, 대한민국』(중국어편)

초판인쇄	2023년 10월 19일
초판발행	2023년 10월 24일
저　　자	최금단
발 행 인	권호순
발 행 처	시간의물레
주　　소	경기도 파주시 숲속노을로 150, 708-701
전　　화	031-945-3867
팩　　스	031-945-3868
전자우편	timeofr@naver.com
홈페이지	http://www.mulretime.com
블 로 그	http://blog.naver.com/mulretime
I S B N	978-89-6511-448-2 (97320)
정　　가	20,000원

ⓒ 2023 최금단
* 잘못된 책은 바꾸어 드립니다.